ちくま文庫

無言板アート入門

楠見 清

筑摩書房

無言板アート入門　目次

本書は、ウェブ「さんたつ by 散歩の達人」連載「無言板 Say Nothing Board」（二〇二〇年五月二十二日から二〇二二年五月十四日）を元に再構成し、第一章と第三章を新たに加筆したものです。

第一章　定義：無言板とは何か

役に立たない

路上観察が好きな人にはそれぞれに専門分野があるものです。路上観察学会直系のトマソン愛好家はやはりその中心的存在ですし、レトロ看板や木製電柱や電話ボックスなど失われゆくものの愛好家、暗渠マニア、送電鉄塔専門の鉄塔ファンもいれば、最近では各地に新設されるマンホールを巡礼する鉄蓋愛好家（マンホーラーやマンホリストという名称も）が新たなファンを増やしています。

蓼《たで》食う虫も好き好きとは昔からよく言われますが、それは今風に言うなら実に多様性のことであり、オルタナティブな多文化共生のあり方と言ってもいいでしょう。みんな違ってみんないい。そして、みんなと違うほうがもっといい。趣味の世界とは世間一般の共通の尺度から外れ、役に立たないことによってこそ自立しうるものです。役に立ってしまったらそれは趣味でなく仕事に、道楽でなく職業に、ホビーでなくビジネスになってしまいますからね。

趣味を仕事にして長く続けることができれば、それは理想的な人生ですが、もしそうすることができたなら人はまた新しい趣味を——純粋なる道楽として——持つ必要が生じるのではないかと、私ならそう思います。

役に立たないものこそが純粋であるという考え方は、実は趣味というより学問の世界に長くある考え方です。純粋数学や純粋科学が理論的で抽象的な真理の探究であるのに対し、応用数学や応用科学は他の学問や産業に応用される実用的な学問とされています。芸術の世界にも純粋美術（ファインアート）と応用美術（装飾・デザイン）という区分がありましたが、今では著作権法上の用語以外には見かけなくなりました。これはどちらが美しいとかありがたいとか、ましてや純粋でないものは不純だという話ではないのです。純粋と応用は対立するものではなく、また明確に線引きできるものでもありません。役に立つか立たないかはあくまで人が決めることで、その判断は人によって、時代や環境や状況によっても変わります。役に立つかどうかは表面上の手触りのようなもので実は内部はつながっていることのように思います。なのでこの話はもうやめましょう。

問題はむしろ、役に立たないものをどこまでおもしろがったり、たいせつにしたり、その表面の下にあるものを発見したりすることができるかということです。今役に立たないからと言って切り捨てず、明日役立てようとするのでもなく、役に立たないものを役に立たないままにしておく余裕、勇気、愛情……。人の役に立つものだけを善として手元に置くのではなく、役に立たないとされるものにも前向きに接していくことができたら、人はどんなに優しくなれるだろうと思うのです。これは社会の中で弱者や少数派や異端とされる人や事物との関係性や共生という課題に重なります。

もちろん、誰かの役に立ちたいという積極的な気持ちを否定するつもりはありません（こんな私にも人の役に立ちたい気持ちはあります）。ただ、人や事物を今なにかの役に立つか立たないかだけで判断することはやめたいと思うのです（そのことで、むしろ不利な立場に置かれてきた人たちの助けになりたいと考えます）。役に立つこともあるし、役に立たないこともある。今まで役に立っていたものが、ある日突然役に立たなくなることもある（ＯＳをバージョンアップした次の瞬間のアプリのように）。今働き盛りの人もいつか働くことができなくなる。私たちはこの十数年の間に震災や疫病や海外の戦争といった個人の手に負えない大きな出来事に直面し、ＡＩやＶＲや生物工学などの進歩によって世の中が急激に変化していくなかで、物事を判断するための価値基準が実は流動的で曖昧であることを自覚し、そのシステムがエフェメラルである（刹那的で儚い）ことを痛感しています。

もの言わぬ看板

というわけで、役に立たないものの出番がやってきました。ここからは大いに笑ってもらえたらと思います。無用なものとの対話はつねに無意味（ナンセンス）に満ちています。それは純粋な遊び心であると同時に、真の価値（バリュー）や質（クオリティー）とはなにか、趣（ホビー）や味わい（テイスト）とはなにかという本質的な問いもはらんでいます。そこは大いに考えてもらえたらと思います。

私は以前三年間余にわたって公共彫刻やモニュメントのフィールドワークのために日本全国を回っていました。私が研究対象とした公共彫刻とはマンガやアニメのキャラクター像で、そのときからすでに元来役に立たないとされてきた下位文化をまちおこしや観光資源として役立てようとする社会システムに関心があったわけですが、各地の妖怪やヒーローやロボットなどある意味奇怪な新興銅像の調査撮影の合間に、街で見つけたもっと奇妙な古看板にもカメラのレンズを向けていたのです。

それはかつて誰かがなにかの目的で立てたはずなのに、雨風や紫外線の影響で塗料が落ちたり印刷が褪せたりして文字が消えてしまった看板でした。看板は読めなくては意味がありません。だとすればこれほど無意味な存在はないでしょう。文化の範疇にも入らないナンセンスの塊がそこに立っていました。

英語では黙っていることをsilent（沈黙）やmute（無口）やquiet（静か）のほかにsay nothingと表現します。「無を言う」という言い回しは、実に「無言」と同じです。

文字のない白い看板を見ていたら、ふとこれをsay nothing boardと呼んだらどうかと思いつきました。日本語にすると「無言板」。昔よく駅の改札口の横にあった「伝言板」と字面も似ていて好対照になると思いました。

ものは名付けられて初めてその存在を主張し始めます。

不思議なもので、「無言板」と心の中で名付けてみたその日から、近所のあちこちや駅までの道すがら、そして、初めて歩く土地でもすぐにその姿が見つけられるようになりました。何の役にも立たない能力ですが、路地に野良猫との出会いがあるように、街中に無言板との出合いがあると思えば、街を歩くことだけでもなにか可能性のあることに感じられます。

都会の片隅に潜む無言板が雑草のようにたくましく、ときとして野草のように可憐なのは、人の手や意識を離れたところで放置されているからでしょう。本来なら新たに文字板を作り直して付け替えたりすればいいものですが、立てた人は忙しいのか、忘れているのか、結果的に無言板は当初の目的である指示や警告や注意喚起の役から解かれ、ただ無地の板切れとしてそこにあるのです。

かつて赤瀬川原平が街中の役に立たない無用のオブジェを「超芸術トマソン」と名付けて発見したのにならえば、無言板も実用性のない「純粋な物体」として存在しています。実は当初私はトマソンのことはあまり念頭になく、これを自分のオリジナルの発想から発見したつもりだったのですが、SNSに写真を上げたりZINEを作ったりしていると、複数の知人からトマソンの分類に「無用看板」というカテゴリーがすでにあったことを教えられました。先達はやはり偉大です。

しかし、私は「純粋階段」や「植物ワイパー」といった他のトマソン物件への興味に比べ、ただ無言になった看板にだけ強い関心を抱いていました。それはたぶん私が美術評論家であることに関係しています。

看板はたいてい四角い平面なので、字や図のなくなったまっさらなものは絵が描かれる前の白いカンバスのようです。見方によっては完成したミニマルアートやモノクローム絵画のようにも見えてきます。経年変化の過程で微妙な濃淡やテクスチャーが生まれた平面は、じっと対面し、しばらく観察していると実に絵画的な魅力にあふれています。赤瀬川が超芸術トマソンを作品ではなく物件と呼ぶしかなく、鑑賞ではなく観察するものだと定義していたのと違い、私はどうやら無言板を作り人知らずのアノニマス（匿名的）な作品と認め、鑑賞の対象としてしっかりと向かい合いたいという気持ちに駆られたようなのです。

雨滴を絵具に、風のブラッシュ・ストローク（筆致）で描かれた絵画を、人の手ではなく自然によって生み出された作品として鑑賞すること――無人の、無意識によるオートマティックな絵画はなにより無心で、無垢な存在です。それが、美術館の白い壁面ではなく、道端の金属ネットに針金で掛けられたり、ビルの壁面に両面テープで留められたりしていることが、なんとも潔く、気高い姿に感じられたのです。

レディメイドの禅

マルセル・デュシャンは、ありふれた道具や工業製品をファウンド・オブジェ（見出された物体）として選び出し、手を加えたりまったく加えなかったりしたものをレディメイド（既製品）と称して発表しました。展示台の上に男性用小便器を上向きに寝かせるように置いて《泉》と題した作品は、その後二十世紀の美術の流れを変えたものとしてあまりにも有名です。

それでも便器がなぜアートになるのかわからないと匙《さじ》を投げる人もいるかもしれませんが、《泉》に関しては「裸の王様」のようなナンセンスとして素直に笑うのがいちばん良いと私は思います。デュシャンにはほかにも《自転車の車輪》や《瓶《びん》乾燥器》などどこにもある日用品を使ったレディメイドがありますが、それらは一種の見立ての芸術です。日本でいえば、石や盆栽を山や自然に見立てて床の間に飾る趣味にも通じるもので、《泉》にはそんな風流もあるのではないでしょうか。

街角で見出される無の看板も、それを選び取った瞬間にファウンド・オブジェとなり、そのまま（実物でなく写真ですが）提示した瞬間にレディメイドとなります。それらを、作り人のいない（無人の）、何も書かれていない（無地で）、役に立たない（無用で）、主題なき（無題の）作品と見立てて向かい合うことは、まさに無とはなにかを考える禅問答のようで、美術鑑賞や絵画そのものの本質を問う頭の体操だと考えています。

加えて、文字のない看板に対して私は必ず言葉のタイトルを付けることをルールとしました。デュシャンのレディメイドも赤瀬川原平のトマソンもタイトルを付けることで作品化され、日用品や無用の長物がひとつの「詩」になるのだと私は理解しています。以来、毎日一枚ずつインスタグラムに無言板の写真を上げる際に、英語と日本語でタイトルを付けることが日課になりました。バイリンガルにしたのは現代美術の作品タイトルプレートの慣習にならっているのと、私自身が翻訳――とくに英語歌詞の和訳――に関心があるからです。なぜか英語のフレーズでふっと思いつくこともあれば、日本語で先に命名してから辞書を使って英訳しているものもあります。二つの言語を並べると微妙なずれや大幅な意訳もあり、その差分から第三のイメージが立ち上がるように付けられた題名もあります。無言板を一枚の写真と二行詩からなる作品に仕立てたのはそれを鑑賞したいと思う私の趣味であって、観察対象である無言板とはまた別の個人的な作業だと切り分けるべきと考えています。

無言板の類型と特徴

無用の看板はたとえその存在を忘れられていたとしても法的には設置者や土地の所有者の持ち物です。しかし、ひとたび「無言板」として見出されたものは発見者・撮影者、さらには鑑賞者のもの（所有物ではありません、自分の一部という意味です）になるのだと思います。本書はそんな無言板を読者のみなさんが鑑賞し読み解くことで各自のものにしてもらうために、そして、そのことによってみんなのものにするために書かれました。

次章から鑑賞を始めるにあたって、まずは無言板の特徴を簡単に説明しておきましょう。無言板にはその状態や置かれた状況など見た目にさまざまなものがあります。ここでは路上観察学的な方法で、無言化の様態から十の類型（タイプ）を挙げ、さらに外見的・機能的な特徴からそれぞれに小分類（カテゴリー）の例を付記しておきます。

［ホワイトボード型］＊18～19ページ写真参照（以下同）

すべての文字や絵などの情報が消えた結果、白地だけが残ったもの。あるいは、商業広告看板でスポンサー不在のため白の下地だけがむき出しになった〈白色看板〉は、無言板のもっともスタンダードで美しいタイプと言えるでしょう。視覚情報にあふれる街中に忽然と立つ白板は、絵が描かれる前のカンバスのように清々しく、さまざまな想像力がかき立てられます。

小型で等身大のものはその立ち姿から『千と千尋の神隠し』のカオナシにあやかって〈モジナシ〉と呼ばれます。

類似する小分類に、一面スカイブルーの〈空色看板〉やグリーンの〈緑色看板〉など単色で地色が塗られたモノクローム看板があります。

［純粋看板］

ポスター専用の掲示板等に何も貼られていない状態です。告知する情報のない掲示板は三次元空間に垂直に定められた任意の平面であると同時に、用途のない純粋な物体として現実界に出現した一種のイデアなのかもしれません。まさに〈言うことなし〉の存在で、無言板のパーフェクトな姿を体現しています。

小分類として、ガラス張りの箱形ケースになにも掲示されていない〈空っぽ水槽〉、インフォメーションボードなのに一切の掲示物のない〈ああ無情報板〉、内蔵ライトが点灯して

[ホワイトボード型]

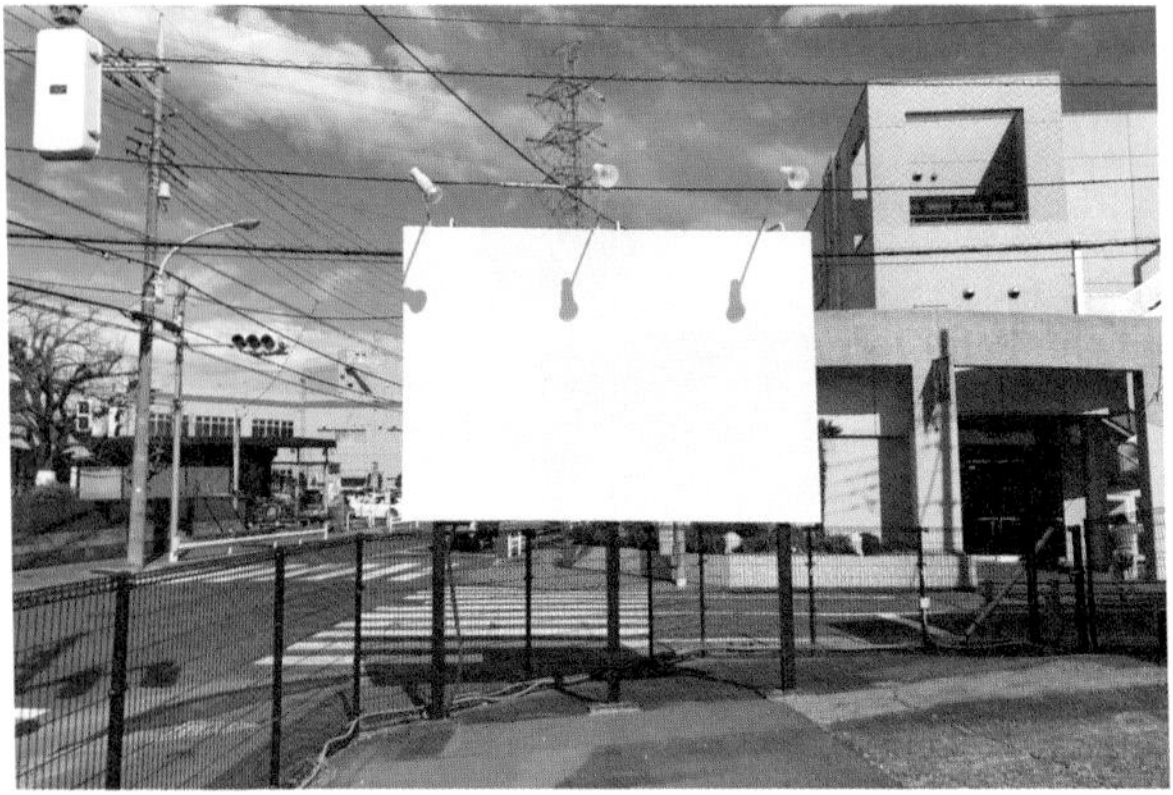

《時のストロークによる影の絵画》Shadow painting by strokes of times

[純粋看板]

《言うことなし》Nothing to say here

[ペインティング型]

《街角のネオダダ絵画》Neo-dadaist was here

[わびさび型]

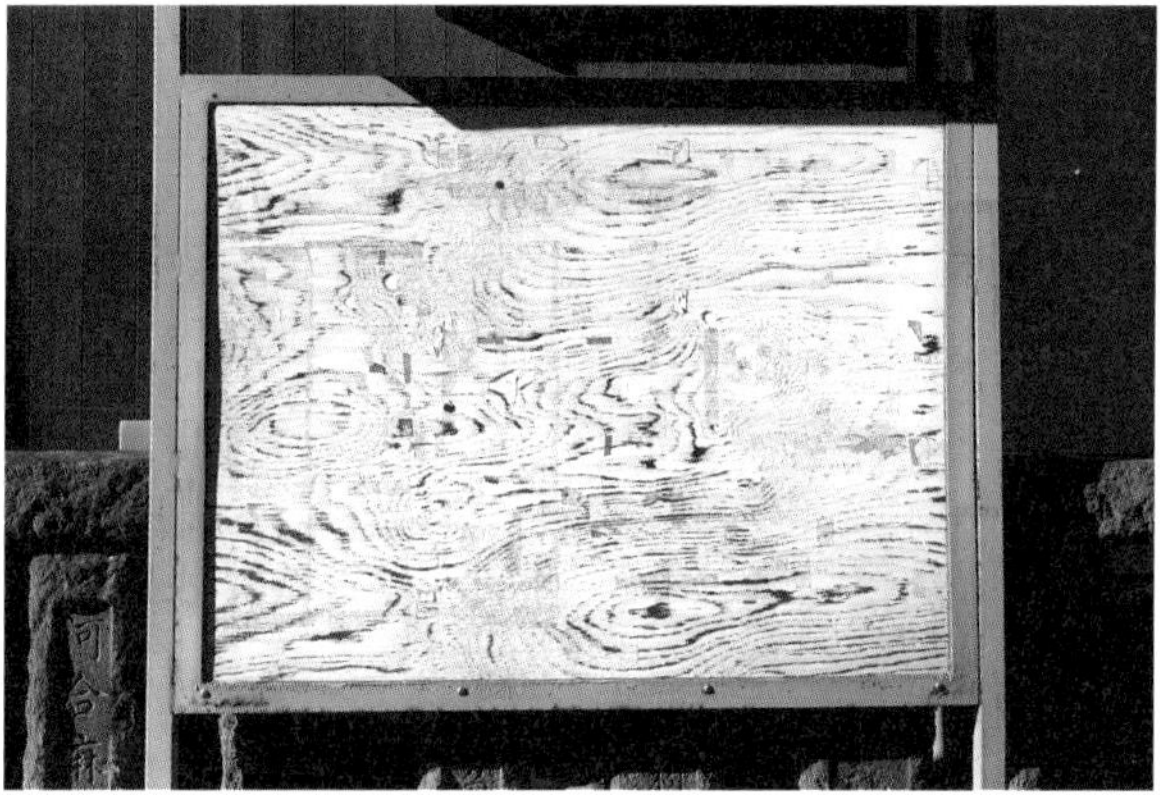

《ストリート山水画》Landscape by the street

いるだけの〈「無」確認発光物体〉などがあります。

［ペインティング型］

文字や図像が消えた後、雨風によって埃《ほこり》やしみが模様のようになったり、さらに何者かの手によって消されたり塗られたりしたことで、意図せずとも絵画的な効果が生まれたものです。自然や人為が創造した偶然の産物で、時間の経過によって今現在も変化していく過程にあります。抽象絵画のようなもの、荒々しいアクション・ペインティングや心象風景を思わせるものなど表現力が豊かでバラエティーに富んでいます。

作り人知らずのアノニマス・アートの典型で、野生の絵画であることから分類上〈野良絵〉とも称されます。それらがとくに多数群生するエリアはさながら街角の野外美術展のようになります。

［わびさび型］

経年変化による画面の劣化や下地塗料の剝離の結果、板材の素地があらわになったり、木材の木目、鉄板の錆びなどマテリアルのテクスチャーが立ち現れたりしたものです。イメージの無常とともに作品の持つ生々しい物質性を強く喚起することで、逆に精神性を静かに映し出します。侘しさが漂う〈わび看板〉と金属の錆びた〈さび看板〉に大別されますが、明確な線引きのできない〈わびさび看板〉も存在します。

派生する小分類として、劣化や損壊がさらに進んで看板部分がそっくり空洞になった〈エア看板〉や〈代役フレーム〉など、空《くう》や無といった東洋思想を映し出すものもあります。

［ラッピング型］＊22〜23ページ写真参照（以下同）

文字情報が見えないように段ボールやビニールシートなどの梱包資材で包まれた〈梱包看板〉です。新たに設置されたオープン前のものや、諸般の事情で看板の内容を一時的に読ませないようにしている場合もあります。アーティストのクリストが建築物を大きな布で梱包した作品のように、中身を見せないことで本来の意味から解放された物体は、ただフォルム〈形態〉やマッス〈量感〉のみを際立たせながらその存在を強く主張しています。

［穴埋め問題型］

色文字だけが褪色して黒文字だけが残ったもので、とくに赤文字で強調した重要な部分が欠落している状態はテストの〈穴埋め問題〉のように見る者に解答を促します。赤の塗料が紫外線に弱いため起きる現象で、同じ赤でも耐光性塗料を使用しているものは褪色が見られません。その意味では、設置者の意識や看板業者の質の程度をあぶり出しているとも言えます。

小分類として、肝心の後半の文字が消えた状態の〈上の句看板〉があります。

[ラッピング型]

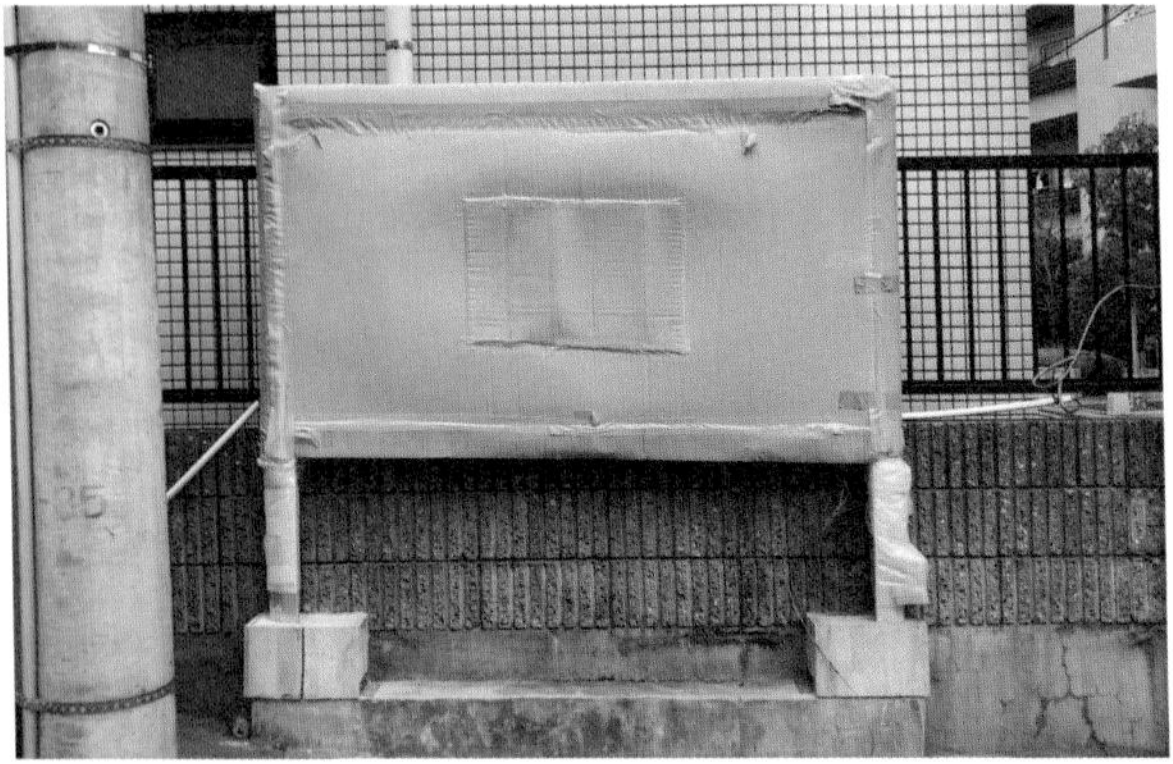

《公開前》Before the unveiling

[枯れ文字型]

《達筆すぎ》
Too fancy to read

[穴埋め問題型]

《穴埋め大喜利》
Fill in the blanks for a laugh

[残像型]

《平成グラフィティ遺跡》
Street graffiti ruins

[シルエット型]

《写真判定の結果、自転車の勝利》
Photo judgement the bicycle won

[異次元型]

《2021年路傍の旅》
2021 Roadside odyssey

［枯れ文字型］

だんだん文字が薄くなっていく過程にあるものです。進度によってまだ読めるものからほとんど判読できないものまでさまざまなレベルの〈枯れ文字看板〉があります。消え方の様相や度合いによって、かすれ声、しわがれ声、か細い声などなぜか生身の人の声を聴覚的に連想させたりします。時の経過によって人の記憶が次第に薄れていく様子にも似ています。忘却とは見方を変えればむしろ風雅で味わい深いことを教えてくれます。

［シルエット型］

文字や色が雨風や紫外線の影響で消失し、黒色のピクトグラムだけがシルエットのように浮かび上がったものです。ピクトグラムは非言語的な絵記号なので文字がなくても意味は伝わりますが、そのため乗用車やシガレットのピクトグラムに赤い斜線を引いた「駐車禁止」や「禁煙」のサインから赤色が消えると「駐車場」や「喫煙所」に見えてしまうという意味の反転事故が起きるので設置者も利用者も大変危険です。

類似の小分類にカラーのイラストが脱色してアウトラインだけになった〈ぬりえ看板〉があります。

［残像型］

看板が取り外された後に残された痕跡から、かつてここに看板があったことがわかるものです。文字やイメージではなく看板というフィジカルな実体ごと消失しているのが特徴で、その見た目は静謐なアンビエント系から荒々しいハードコア系まで多彩です。

小分類として、直貼りポスターの糊だけが残った〈糊跡芸術〉や、両面テープの跡が絵のように見える〈テープ絵画〉のほか、日焼けやペンキ補修の跡などさまざまな原因によって生成される〈看板遺跡〉があります。

［異次元型］

日常の中に突如現れた謎の物体、SFの小道具を思わせる〈異次元の無言板〉です。その代表格として、ドアに貼られたプレートの文字が消えた〈どこでもないドア〉と、直立する黒い板状のオブジェと化した〈ロードサイド・モノリス〉の二大スターが人気です。「S（少し）F（不思議）」から壮大なスケールの宇宙叙事詩まで、あらゆるSF好きのハートをがっちりとらえて放しません。

このように無言板の類型からはさまざまな生成過程を読み取ることができます。ただし、これらは鑑賞の糸口とすることを目的とした分類ですので、すべてを網羅するものではありません。さらに厳密な分類については、読者のみなさんも実際に街中で無言板を探しながらぜひいっしょに考えてもらえたらと思います。

第二章　鑑賞術：気がつけば街角は美術展

1　コンセプチュアルアート——言うことなしの芸術

モジナシ——街角にじっと佇む「無意味の物理モデル」

まずは無言板のもっともスタンダードなタイプ、ホワイトボード型を見てみましょう。私自身もこのタイプのものを最初に見つけ、無言板というものの存在に気がつきました。なぜこれが目についたのかはよくわかりません。いや、以前からここにあったはずですから正確にはなぜこれがそれまで目に入らなかったのかがわからないと言うべきかもしれません。とにかくこれが、そこにあったのです【1-01】。

真っ白な板が支柱で直立しています。文字は雨風に洗い流されたのかすっかり消えてしま

【1-01】《言うことなしの公園》Say nothing park

い、もはや何が書かれていたのかさっぱりわかりません。公園の入り口にある状況から見て、何かの注意書きだったであろうことは想像できますが、今はそれを伝える力もなくただひっそりとそこにあるのみです。

でも、ちょっと待って。そもそもなぜ誰もこの役立たずの看板をどけないのでしょう？　公園には管理事務所があり定期的に清掃作業も行われているはずなのに。もしかしたらこの白い看板は私以外には見えていないのでしょうか。いや、そんなことはあるまい、と思われるかもしれませんが、たとえ視界に入っていても誰からも気に留められていないとしたらそれは無いも同然です。

まるで宮崎駿のアニメ『千と千尋の神隠し』に出てくるカオナシのように、モジナシの看板たちは実はこうして街のいたるところにじっと立っているのです。

この公園は見たところ掃除も手入れもとてもよく行き届いています。むしろ日々欠かさずに掃除がされているからこそ、少しずつ文字が薄れていった変化を日常の中で違和感なく受け容れてしまっているのかもしれません。

文字の消えた看板はもはや意味を有するものではなく、ただ純粋に置かれているだけの存在です。だとすればこれは意味がないという概念を実体化した「無意味の物理モデル」と言ってもいいのではないでしょうか。そう考えたら、これこそがまさに「言うことなし」のパーフェクトな存在に見えてきます。

無言板の強さと美しさ、そして潔さはまさにそこにあります。

ああ無情報板――失われたインフォメーションの残響

道ゆく人にさまざまな情報をお知らせするインフォメーション・ボードも、スマートフォンやデジタルサイネージの普及によって次第に出番を失い、いつの間にか忘れ去られた存在になりつつあるようです。

シャッターの閉まったお店の横に使われなくなったお知らせ掲示板がありました【1・02】。インフォメーション（情報）と記された英字だけが取り残されているのがなんとも無情、というかこの場合は文字通りの無情報。この類いの看板を〈無情報板〉と呼ぶことにします。茶色に塗られたベニア板が一部はがれたあとから生木が露出しているのがやっぱり無情、というか、皮肉にもそこから絵画的な風合いが生まれつつあります。

さて、駅の階段を上っていくと、ポスターの貼られていない広告掲示板に出くわしました【1・03】。上部の欄外にわざわざ洒落た筆記体で「アド・ボード」（広告板）と書かれているのが虚しく目に映ります。

駅構内の広告がデジタルサイネージへ移行していくなか、ポスター掲示板のほうに空きが増えているようですが、ここは逆転の発想で、この掲示板が「無」の広告をしているのだとしたら？　これはまさに禅問答です。無のキャンペーン広告をなにも広告しないことではなく、無の存在を広く知らせることだと捉えられれば、現代の消費社会に対する静かな批評の

【1-02】《ああ無情報》
No information

【1-03】《無のキャンペーン広告》
Nothing for sale ad board

ように見えてきます。

駅構内のデジタル化の波は広告だけでなく実はすでに見えないところでかなり進行しています。私鉄の駅のホームで電車を待ちながらふと見上げると、天井から下がったお知らせボードが思いがけない状態になっていました【1・04】。これは絶品です。

驚いたのは、列車の到着時刻などを流れる文字列で表示する電気仕掛けの掲示板がいつの間にかLEDドットの電光表示から液晶モニタに替わっていたことです。ふだん黒地に白の文字が表示されている状態では気に留めていなかったのですが、ある日この写真のように真っ白になっているのを見て、一瞬こちらの頭も真っ白になりました。なんだこれは？

「このページは表示できません」の下には「webアドレスが正しいか確認してください／検索エンジンでそのページを探してください」

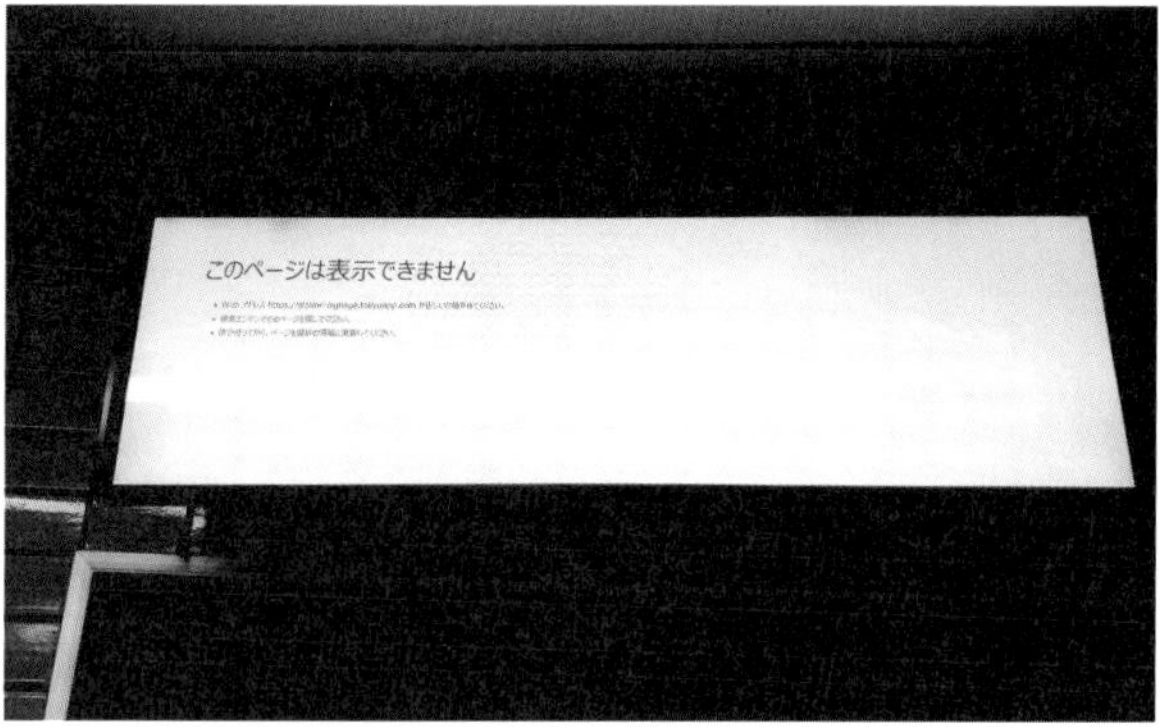

【1-04】《エラー表示板》
404 not found board

との表示が読めます。利用者には見られたらいけない画面。他のメディアなら印刷ミスとか放送事故級のエラーです。

身のまわりのデジタルサイネージが実はインターネット接続で一括制御されているというのはよくよく考えたら当たり前のことだったわけですが、この状態はまるで人間そっくりのロボットの皮膚の裂け目からネジや基板が露出しているような奇怪さに感じられました。

目に映るこの世界の多くが実はこんな風に実体を失い情報化している……。思わずゴクリと息を呑み込んだところで、いつもの電車がホームに入ってきました。

エア看板——空（そら）に空（くう）を掲げるという禅問答

肝心の文字板が脱落して枠と支柱だけが残った看板を、何も持たずにギターの弾き真似をするエア・ギターにならって〈エア看板〉と呼ぶことにしましょう。

英語のエア air は空気や空っぽを意味する言葉ですが、漢字の空も「そら sky」を意味すると同時に禅でいうところの「空（くう）nothing」を指すのはなんとも見事な符合です。エア看板は物理的に空虚な看板であり、精神的に無の境地を表しているのです。

線路沿いの駐輪場で見つけたエア看板の枠から白い雲の浮かぶ青い空が見通せます【1-05】。まさに空っぽの無言板です。

位置やサイズから「バイク置き場」といったことが書かれていたに違いありませんが、いつ見てもバイクが停まっているので表示板がなくてもここに自転車を停める人はいなさそうです。だったらもう看板なんていらないのではないかという気もしますが、それでも撤去しないのはいつか新しい看板を付け替えるためでしょう。景色に対してだけでなく、可能性として開かれている——このエア看板は、過去の遺物というより未来への約束といえそうです。

上を見上げると赤い支柱のエア看板【1-06】がありました。消火栓の標識の下には通常広告板が入っているものですが、不況のためかスポンサー不在の状態が続いているようです。しかも、これ一枚ではなくここ一帯すべての消火栓標識の下がエア看板と化しています。

高いところにあるのであちこちで幾度となく空を見上げてしまいましたが、都会で空を見上げさせるための仕掛けとしてこれはこれで悪くはないのかもしれません。

いっぽう、国道沿いのマンションの壁面ではなかなか大振りのエア看板【1・07】を発見しました。板が外されて支柱だけが残された状態で、水平の棒が左右にはみ出した形状から大雑把なたとえですが〈鳥居型〉と名付けている形です。

もともとは国道を行き来するドライバーや道の反対側を歩く歩行者にも見えるように「入居者募集中」の看板を出していたに違いありません。部屋が空くと看板が掛けられ、部屋が埋まると看板が空（エア）になるというわけです。

エア看板は伝達すべき情報ばかりか物理的な板すら存在しないので、通常は誰の目にも留まっていないようなのですが、ふと気がつくと一瞬目を疑うような光景を見せてくれるものがあります。たとえば、都心で見つけたこのエア看板【1・08】も肝心の板が外され、残されたフレームから向こうの景色がそのまま見通せるのですが、ビルの谷間に広がる秋の紅葉があまりにもきれいで、なんだか作り物の景色のように見えました。

カメレオンのように環境の色彩を感知し、物体を透過するかのように向こう側の景色を映す光学迷彩技術とはこんな感じなのかもしれません。以前はＳＦの中だけだったこのテクノロジーもすでに実用化されつつあるというニュースもありますが、未来のデジタルサイネージは必要なとき以外は景観に溶け込ませることもできるはずです。そんな未来の無言板とは、いつも見上げていた空に突如として出現する故障した黒いディスプレイなのかもしれません。

【1-05】《切り取られた空》 Captured sky

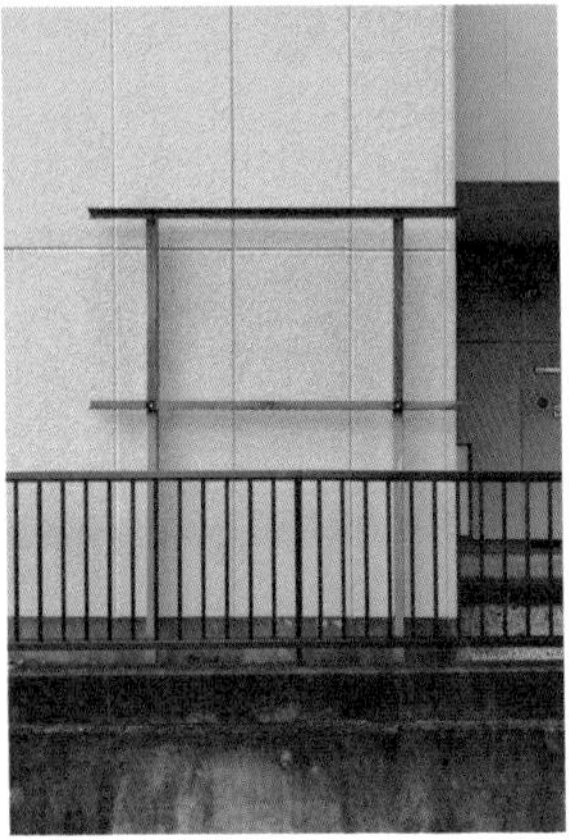

【1-07】《謎の鳥居》
Air-board off the wall

【1-06】《空の看板》
Air-board in the air

【1-08】《光学迷彩ディスプレイ》An optical camouflage display

代役フレーム——失われた主の代わりに何を語るのか

文字の書かれた板がなくなって枠と支柱だけになってしまった〈エア看板〉の発展形として、残されたフレームが本来の用途とは別の何かを主張している事例があります。

不在になった中身の代わりに額縁が何かを語り出すとは誰も思ってもいなかったはずで、きっとフレーム本人も驚いているに違いありません。ただの代役ではなく、まったく別のことを語り始めるなかなかの役者もいるようです。

四月になって桜が満開の中学校のフェンスに桜の造花できれいに飾られたフレームだけが掛けられていました【1-09】。

看板本体がないので文字は読みようがありませんが、伝えたい気持ちはすぐにわかります。おそらく先日まで「卒業おめでとう」と書かれてあったのでしょう。

卒業式が終わった後なぜフレームだけが残されているのかといえば、まだこれから入学式があるからです。「入学おめでとう」というポスターが用意されているに違いありません。だとしたら、卒業式から入学式が終わるまでの間ずっとこの看板は中身（コンテンツ）があってもなくても桜飾りの額縁という容器（メディア）だけで十二分にお祝いの気持ち（メッセージ）を発し続けているわけです。かつてメディア論者のマーシャル・マクルーハンが言った「メディアはメッセージである」とはまさにこういうことかと膝を打ちました。

道端では上向きの矢尻型のフレーム【1・10】を見つけました。もともと何だったのかはこの形からわかりますよね。横断歩道の両側に設置されていた横断旗入れです。

子どもが持つ黄色い横断旗そのものを最近めっきり見かけなくなったと思ったら、その容れ物がこんなふうに朽ち果てていたとは。でも、看板が脱落してエア看板になった今はむしろその形状だけが際立っています。

ロンギヌスの槍というのは十字架に磔にされたキリストの死亡確認のために脇腹に突き刺した聖槍のことで多くのキリスト教絵画にも描かれていますが、現在では『新世紀エヴァンゲリオン』に登場する巨大な槍を想像する人の方が多いに違いありません。近寄ってよく見たら支柱に「子供用」と書かれていたので、これはエヴァに出てくる「運命を仕組まれた子どもたち」専用のロンギヌスの槍ということのようです。

ビルの角を曲がったところで思わぬ物体【1・11】に行く手を阻まれました。歩道の真ん中に置かれたコート掛けではありません。看板が外された金属枠のようですが、初期のコンピューターグラフィックスで立体をポリゴン表現したときのワイヤーフレームみたいで、その一角だけ唐突にレトロフューチャーな雰囲気が漂っています。

右奥の足をくじいているようですが何があったのでしょうか。右のカラーコーンとともにこのビルの横の歩道への立入禁止を表すために、すでにリタイアしていた要員まで倉庫から借り出されてきたのかもしれません。どうか倒れませんように、お仕事続けてください。

さて、雲ひとつなく晴れた日に見事な鳥居型エア看板に遭遇しました【1・12】。墓石屋さ

【1-10】《ロンギヌスの槍》
A Holy Lance

【1-09】《フレームがすべてを語る》
Flower frame says it all

【1-12】《大ガラス無し》
Large, no-glass

【1-11】《コート掛けではない》
Not a coat hanger stand

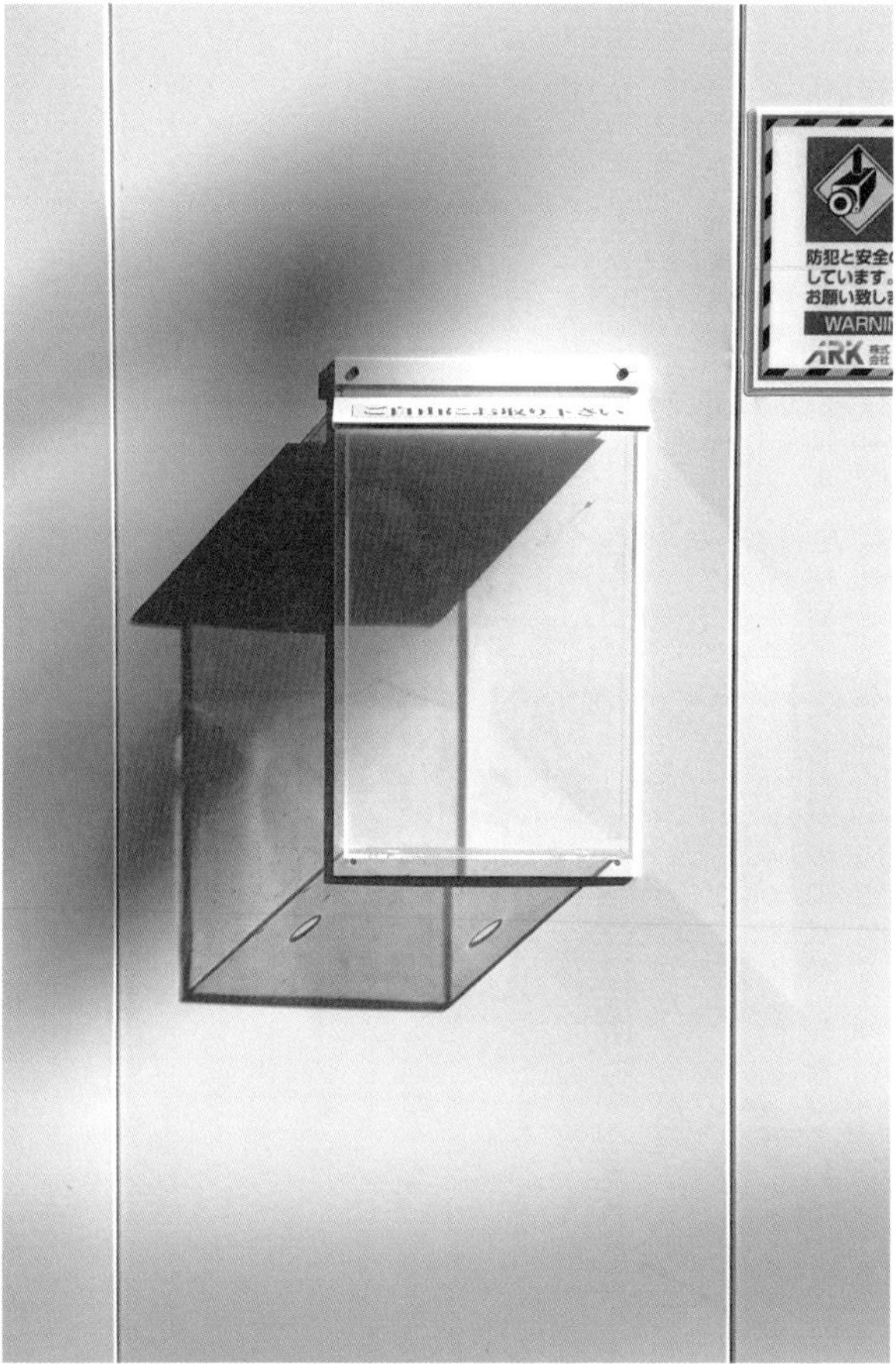

【1-13】《等角投影図法》Isometric shadows

んの敷地の中で、後ろの石と比べてみるとよくわかりますが、非常に大きく立派な作りです。

あまりにも作品っぽい姿に、マルセル・デュシャンが残した謎多き作品「大ガラス」を連想しました。「大ガラス」は通称で、正式には《彼女の独身者によって裸にされた花嫁、さえも》という謎めいた題名の付けられたオブジェ作品ですが、さまざまな哲学的思弁を官能的かつ叙情的に表現したものとして、今も多くの美術史家がその解読をしていることで有名です。ご存知の方ならきっとわかると思いますが、この無言板の全体のアスペクト比や中央に水平のバーが入った姿が何となく「大ガラス」に似ている気がしたのです。

しかし、肝心のガラスが入っていないのでこちらはその謎すら存在しないことになります。デュシャンの名言をそのまま借りて言えば「解答はない。なぜなら問題がないからだ」ということでしょうか。これもまた禅問答的です。

マンション建設現場の仮囲いの塀に、ワイヤーフレームを思わせる傑作を見つけました【1・13】。おそらく入居者募集のパンフレットが置かれていたのでしょう。しかし、人気の物件なのかパンフレットはすでになくなっていて、空になった透明アクリル製の容れ物に日が差して白い壁に平行線の影を落としているのです。影の部分だけを凝視すると、空のパンフレット入れが等角投影図法で描かれているように見えてきます。

三次元を二次元に転写するイリュージョンを自然光がかくも見事に表現してくれるとは恐れ入りました。光の入射角によって透明アクリル板の影の濃淡が異なっているのも絶妙で、光が影で描いた絵画にしばし時を忘れて見入ってしまいました。

孤立無縁仏——道端にひっそりと佇む謎の彫刻

「物語るフレーム」の亜種として「物語るスタンド」もあります。看板のボードがなくなってスタンドだけが立っている。残されたものは支柱だけ——板が存在しないものをはたして「無言板」と呼んでいいものか悩ましいところですが、この支柱が残っていなければここに看板があったことすらもはや誰にもわからないわけですから、この支柱こそがすべてを物語っているといえるのかもしれません。

語る言葉がないのにすべてを語っている——これもまたのっけからなかなかの禅問答です。何にもよらずただ自立しているだけのこの物体、純粋にスタンド・アローンな存在です。道端の地蔵尊や道祖神のようにひっそりと佇むそれらを、孤立無援をもじって〈孤立無縁仏〉と命名し観察することにします。

公園の入り口でさっそく立派なオブジェに遭遇しました【1・14】。ガッチリとした白い鉄枠が地面から生えています。高さも静かな佇まいもまさにお地蔵さんを思わせます。

おそらく金属製の大きめで重たい看板を支えるためのあつらえだったのでしょう。緑に囲まれた場所とは対照的に直線的な金属によるストイックな人工美がまるで現代彫刻のようです。もしタイトル・プレートでも付いていたらアート作品に見えてしまいそうです。

通りに面した別の公園の入り口でも同じ気配を感じました【1・15】。老朽化した看板は取

【1-14】《孤立無縁仏》Stand-alone statue

【1-16】《風の通用門》
In through the out door

【1-15】《残された秩序》
The old order

【1-18】《純粋鳥居支柱》
Stand alone without a tree

【1-17】《町の風景画家》
Townscape framer

り外せてもコンクリートで固められた脚は抜けなかったのでしょう。

人の背と同じくらいの高さがあるので、お地蔵さんというよりは観音様のような立ち姿にしばし見惚れてしまいました。柔らかいピンク色の肌合いも魅力的です。道端で誰にも気づかれることなく行き交う人たちをそっと見守ってくれています。

写真【1・16】も同じタイプのスタンド・アローン物体ですが、かなり年季が入って塗装がところどころはげています。団地の入り口にあるので「居住者以外立入禁止」とか『犬の散歩はご遠慮ください」などと書かれた看板がかかっていたのではないかと想像されますが、その看板がなくなってしまった今、ただ風だけが通り抜けていく門柱と化しています。

繁華街の先にある国道沿いの歩道にも無用の長物がぽつんと取り残されていました【1・17】。これだけ目立つ場所にあるのは周辺案内地図か横断禁止看板だったに違いありません。フレームだけになった今はその空隙に町の景色を切り取って映すだけの装置となってしまいましたが、環境芸術として見れば駅前のモニュメントよりずっと街に溶け込んでいます。

最後の【1・18】は番外です。看板ではありませんが、このあまりにも無駄な立ち方に惚れ惚れしてしまいました。見ての通り、枯れた街路樹が抜かれた場所にそれを支えていた補強の丸太（鳥居支柱というのが正式な名称です）が残されています。まったく役に立たない純粋な存在——トマソン風に《純粋鳥居支柱》と名付けてみました。

木を伐採したのに支柱だけ残したのは、きっとまた植樹の予定があるからでしょう。新しい木が植えられるまでじっとこの場で待機しながら春を待ちます。

2　アノニマスアート――作り人知らずの芸術

野良絵――ワイルドでタフな前衛絵画たち

　無言板の中には文字が消えたあとに付着した汚れやしみがなんとも味わい深いものがあります。じっと眺めていると何かの形に見えてくるもの、前衛的な抽象絵画のように大胆で理解を超えたもの――誰かが作ったわけでもないのに、何かがそれを作品にしてしまう。いわば作り人知らずの作品です。

　街中に残された古い看板の手書き文字に見られる独特の味わいを、コンピュータフォントにはない魅力として再発見する「のらもじ」というデザイン・プロジェクトがありますが、私もそれにならってこれらを〈野良絵〉と名付けてみることにしました。作者が判明しないことを、飼い主がいない野良の動物になぞらえる趣向です。

　まず最初の作品【2‐01】は、公園の真ん中に立っていたまさにワイルド（野生的）な前衛絵画です。

　画面を縦横無尽に駆け抜け、滴り落ちるホワイト。遠目に発見した瞬間、筆先から絵具を散らして描くドリッピングという手法で有名なジャクソン・ポロックのアクション・ペイン

【2-01】《ポロックのしわざ》
Pollock was here

【2-02】《武蔵野の雑木林》
Woods in Musashino

ティングを連想しましたが、近寄ってじっくりと鑑賞してみるとこれは自然現象ではなく人為的なもののようです。

表面のひび割れを白いペンキで補修したらしく、一見大胆に見える線はよく観察すると細かく塗りつぶすように引かれています。

どうせなら全面をローラーで均一に塗り直せばよかったものを、塗料が足りなかったのでしょうか。ひび割れ部分だけを筆で塗っていったら、塗料の性質の違いから塗り跡が明るく浮かび上がってしまったということでしょう。

しばらく鑑賞したあと、ふと裏側に回ってみてまたもや驚かされました。何と「ゴミは捨てずに持ち帰りましょう」と公園のマナー標語が普通に書かれていてその表面はきれいに保たれていたのです。最初に見た方が裏側だったとは、してやられました。

つづいての作品は、住宅地の一角で見つけた

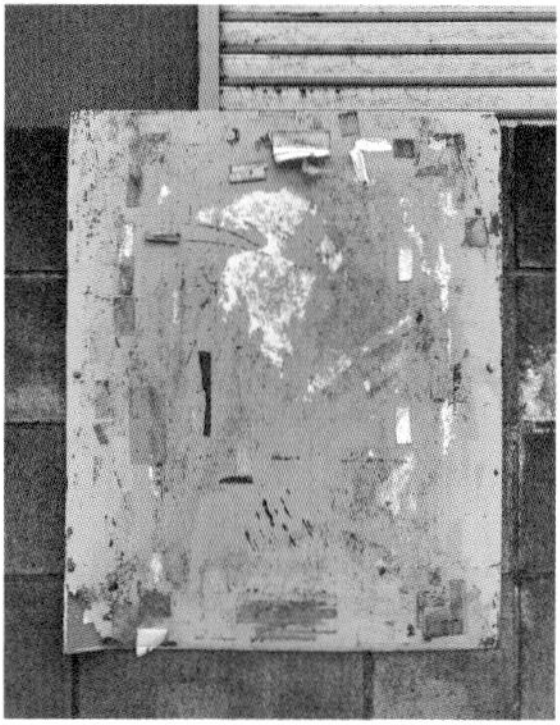
【2-04】《描き人知らず》
The anonymous painting

【2-03】《空間概念》
Concetto Spaziale

名画です【2-02】。遠目に視界に入ったときから絵にしか見えませんでした。何しろきちんと額装されているのですから。

　地域のお知らせ掲示板だったのでしょうか。よくある注意書きの看板と違って手製の幅厚の木枠で四辺が保護されているのです。ライトグリーンのシンプルな額縁とはなかなか洒落ています。薄目にしてじっと眺めていたら、家路を急ぐ群衆のようにも新宿の高層ビル群のようにも見えてきます。

　あるいは、昭和初期の画家が武蔵野の雑木林を描いたらこんな色調の風景画になりそうです。美術館の壁に掛けてあったら何の違和感もなく収まってしまいそうな気もしませんか。

　それにしても一体どうしてこんな傑作が？　おそらく頻繁に更新される地域の催事ポスターを貼り替え続けてきた結果、黒い板の塗装が粘着テープではがれ、平筆を重ねたようなタッチが生まれたのでしょう。

野良看板の中には人間の手がまったく感じられない野生の作品もあります。真っ白になった看板の中央に大きな亀裂が一筋【2-03】。シンプルで大胆な感じが意外にもモダンで、思わず足が止まりました。単色のカンバスの中央にナイフで切れ目を入れた「空間概念」のシリーズで有名な二十世紀イタリアの画家ルーチョ・フォンタナを連想したのです。

もともと何が書いてあったのかはまったく読めませんが、もはや当初の任務から解き放たれてただそこに在るという実存性を小ぶりながらも堂々と表明している様子がモダンであると同時に、じつに野良猫ならぬ〈野良絵〉の気概にも溢れています。

作者の判然としないアノニマス（匿名の）アートの中には、雨風や紫外線など自然界の力で生まれた作品とどこの誰かはわからないながらも人の手による作品の二種類がありますが、その両方の力で描かれたと思しき作品もあります【2-04】。

テープで貼り直しているうちに自然に生まれた痕跡と傷跡がみごとに「絵になっている」一枚です。使用済みのテープがそのまま残されて偶然を超えた絶妙な効果を生み出していま す。緑色のテープは紙を留めていたのでしょう。必然的に水平垂直にバランスよく点在し、ちょうど中央には白い雲か人影のようにも見える痕跡が浮かび上がっています。画面全体に広がる擦り傷や左下のはがれた箇所から見えるブルーも絶妙です。

この掲示板の管理人はテープのはがし方が粗雑というよりどこか「これでいい」と思っている、いや、むしろ「これがいい」と無意識に感じているのではという気すらしてきます。

独立無言板――街角アンデパンダン展

街角の〈野良絵〉の存在に気がつくと、道を歩くたびにつぎつぎと野良猫に出会うようにいろいろな傑作に出合えるようになります。気がつけば、街中が作り人知らずの傑作の立ち並ぶ、賑やかな展覧会場のよう。気分はもうアンデパンダンです。

アンデパンダンとはフランス語で「独立」を意味する言葉――英語のインデペンデントと綴りは同じ――で、十九世紀に保守的な審査制の展覧会に対抗して始まった独立展「サロン・デ・アンデパンダン」の名称から、無審査で誰でも出展できる展覧会をアンデパンダン形式と呼ぶようになりました。日本でも一九六〇年代の読売アンデパンダン展に若手の前衛芸術家たちが集結して話題を呼び、ネオ・ダダイズム・オルガナイザーズを名乗る集団には、若き日の赤瀬川原平も参加していました。

現代ではそのアナーキーで自由奔放な表現は、美術館の中ではなく、グラフィティや無言板がひしめくストリートにあるのかもしれません。

正方形の画面に大きなPの字と自転車のピクトグラムと赤い矢印【2・05】――大胆な配置が二十世紀のポップアートを思わせます。しかも、この線路沿いの塀には同じ看板が何枚も貼られているところもポップアート的でかっこいい。しかも、よく見ると劣化状態がそれぞれ微妙に異なるシリーズ作品になっているのです。

【2-05】《PはポップアートのP》 P is for pop art

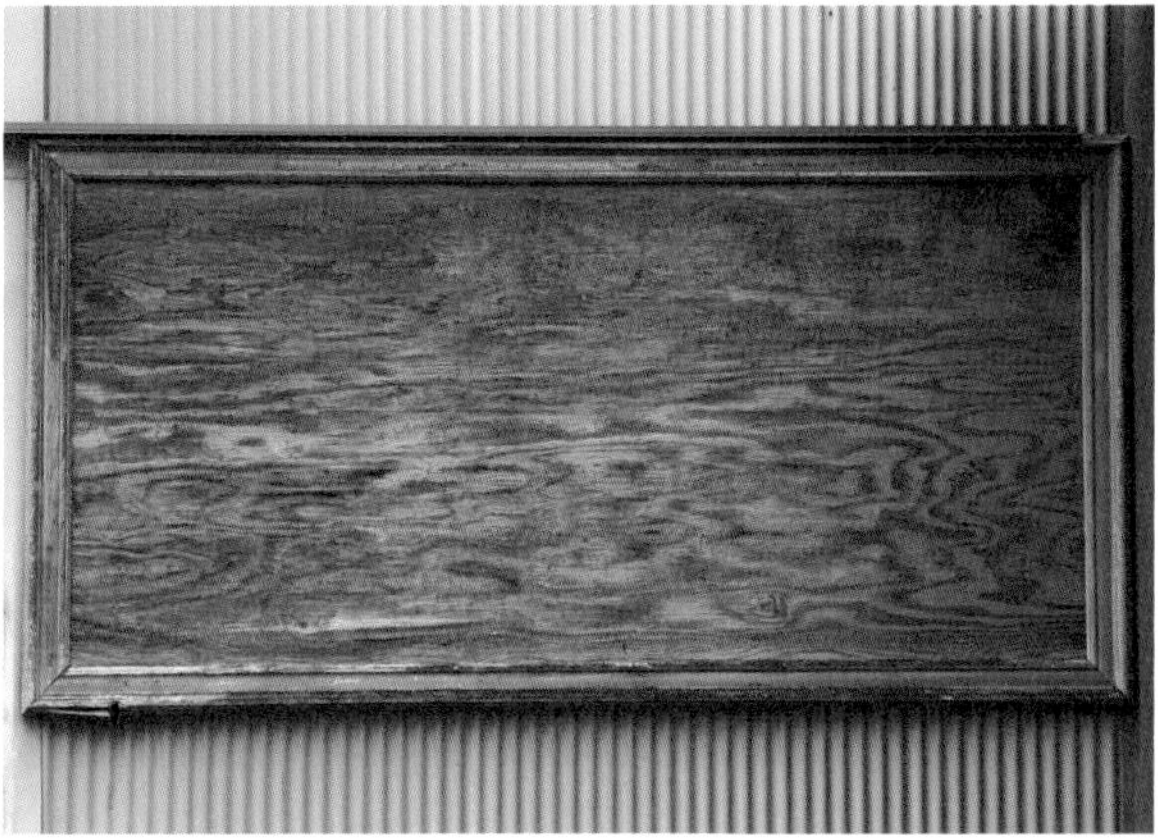

【2-06】《夜の水面の絵》A night water surface painting

【2-07】
《すごい曲がり方》
The great curve

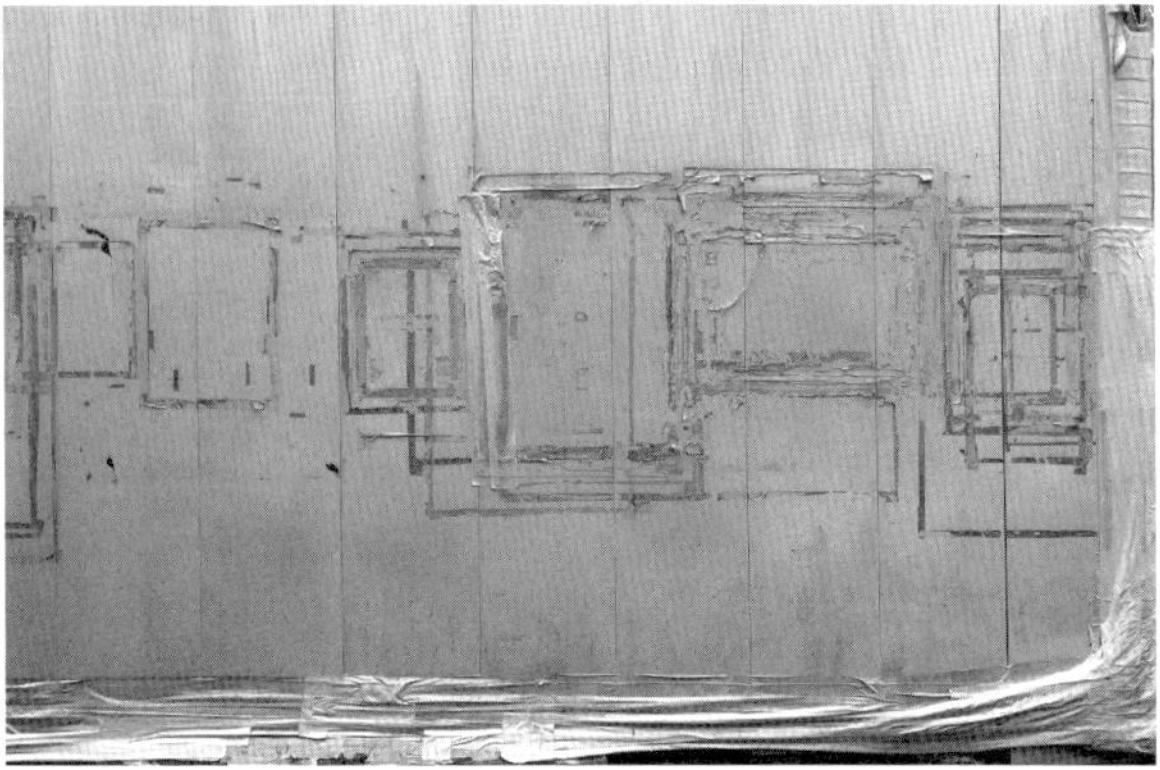

【2-08】《すべてが抜群》 All are off-the-wall

二枚目は一枚目に比べてずいぶんと荒々しいタッチです。重ねて貼られたテープがめくれ上がり、油性ペンの落書きも加えられ、抽象表現主義のようなダイナミックさと生々しさに溢れています。

三枚目はPの字の色がずいぶん浅くなっています。西日を浴び続けたせいでしょうか。めくれた紙の突起が長い影を引いています。

文字の部分が白いテープでことごとく消されているのは人為的なものですが、駐輪場自体は変わらず運用されているので、おそらく管理者や名称に変更があったのではと想像します。Pと自転車のマークと矢印さえあれば案内板としてはじゅうぶん機能しますからね。

駅の近くの住宅街で、大きな額縁に収められた素晴らしい絵【2-06】に出合いました。本当は掲示板なのだと思いますが、何も貼られていないためまるで平面作品のような存在感に満ちていました。全面に施された塗装の染み具合が何とも味わいのある木目模様を浮かび上がらせています。思わず足を止めてじっと眺めていたら、まるで暗い水面を映しているかのようにも見えてきます。もしかしたらオーナーの方ももう何も掲示したくないのかもしれない——そんな禅の境地すら垣間見えてくる美しい無言板です。

街角アンデパンダン展は出品形式も自由です。珍しい半立体のレリーフともいえる作品もありました【2-07】。文字の書かれた表面が煤けたように変色しているのはともかく、この湾曲した形は初めて見る形です。

一体何なのかと近寄ってみて謎が解けました。このボードは木製ではなく、分厚いボール紙製だったのです。雨ざらしにされて水気を吸った重みで少しずつたわんでは乾いてを繰り返した結果でしょう。重力という見えない物理法則が可視化されたなかなかの問題作です。

別の線路脇の工事現場の仮囲いの塀でもシリーズ的な大作に遭遇しました【2-08】。何か工事のお知らせのポスターが繰り返し貼られてははがされて自然に生まれた痕跡なのでしょう。長い壁一面に連なる大小の四角形がリズミカルに重なり、壁画のような効果をもたらしています。

マイケル・ジャクソンのアルバム・タイトルにもなった「オフ・ザ・ウォール」は英語で「群を抜いて優れている」つまりは「抜群」という意味の慣用句ですが、まさに壁から離れて（はがれて）できあがったバッグンの傑作です。

地図絵——ここはどこでもないどこか

どこの町にも街路地図の案内板があると思いますが、スマートフォンで地図情報や経路が検索できるようになった最近はその存在理由を失いかけています。先日初めて訪れた町の地図案内板【2-09】は、道路や番地を記したはずの黒の塗料がほどよい加減に褪色し、ところどころに緑地を表わす黄緑色が淡く残っていました。最初にこれを遠目に見つけたとき、周囲を覆う樹木の葉色と相まってなんだか描きかけの風景画のようにも見えました。

近寄ってみると上から下に垂れた染みがなにやら暗示的です。塗料が溶け出したのか何者かの落書きなのかはわかりませんが、画面のほぼ中央に大胆な痕跡を残し、どこか景色というより漠然とした心象風景を描いた絵画のように見えます。

東京湾の高度成長時代の埋め立て地にひっそりと残されていた街路地図【2-10】です。文字がすっかり消え、区画ごとに色分けしていた塗料の部分だけが残っている。モダンな抽象絵画のようです。

カラーペンキも褪せたせいか妙に渋い色合いの組み合わせで落ち着いた印象です。右のほうを見ると一列に並べられた色別一覧に付されていたであろう文字がごっそりと消え、配色デザインに使われるカラーパレットのようになっているのもかっこいい。

もちろん、これでは町名も番地もわかりません。地図から地名が失われると現実世界も何

【2-09】《風景画 田園》A landscape Pastoral

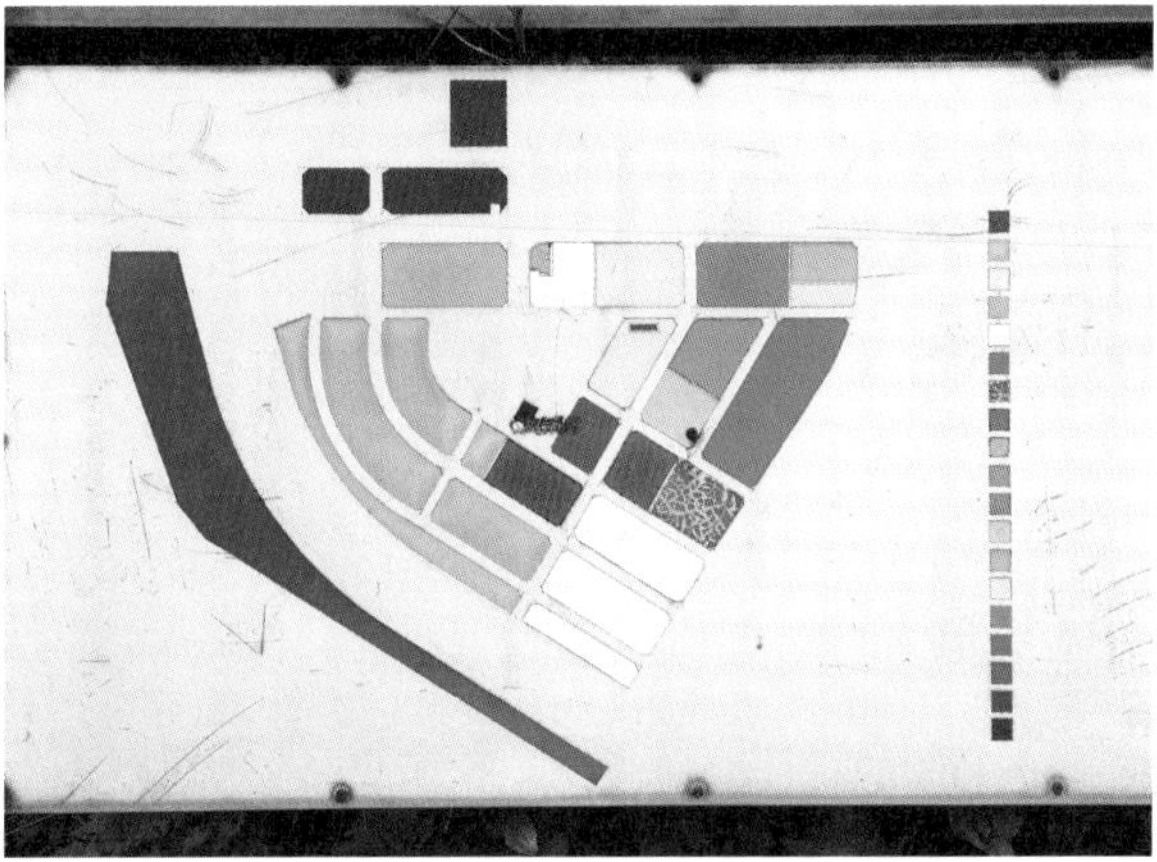

【2-10】《地名のない町》A nameless town

【2-11】《ひびわれ町市街図》
A map of Cracked City

やらファンタジーやゲームの世界のように見えてくるから不思議です。どうやらここは文字泥棒に地名を盗まれたおとぎの島のようです。

　地図案内板が無言の絵画に化けるのとは逆に、無言板がさらに地図化を遂げたものもあります。古くからある電気工事店の引き戸のガラスに貼られたシール状の広告【2-11】が、何やら地図のように見えることに気がつきました。激しく劣化した結果、全面を覆うように広がったひび割れが川か道のように見えるのです。

　ひびわれ町の地図をこうして俯瞰するように見ていると、私たちの暮らす現実世界も実は自然に作り出した川の形に沿って道が引かれ土地が分けられていったのですから、地学的に見ればこのガラスに貼られたシールの表面で起きたことは長い歴史の中で現実に起きたことに近いのだと気づかされます。これは地球の歴史の縮図のようです。

　目を凝らしてよく見ると「冷暖房　効果的」「ご用命は当店へ」という文字が意外にしっ

かりと残っていることにも気がつきました。文字を失ったひびわれ町の住人にとって、これらの文字はもはや意味のわからなくなってしまった古代遺跡のようなものに違いありません。ナスカの地上絵をじっと見下ろしているかのような気分です。

禁断のシルエット——禁じられた行為が浮かび上がる

看板には文字と絵が描かれたものがいろいろありますが、経年変化によってそのどちらかが先に消えてしまうものが意外にたくさんあります。単色の文字とカラーの絵の部分に違う種類の塗料が使われていると耐候性や耐光性の違いから寿命に差が出てしまうのです。

そのとき、絵が消えてしまっても「注意」とか「禁止」といった文字さえ残っていれば、たいていの場合その意味はじゅうぶん伝わるのですが、問題はその逆です。文字が消えて絵だけが残った場合、この看板が何を意味していたのかわからなくなることがあるばかりか、何やら逆の意味に見えてしまうこともあるわけで、なかなか油断がなりません。

無言の絵看板、とくにシルエットだけが残ったタイプのものを集めてみました。「駐車禁止」と赤で記された文字ばかりか、標識マークの赤の部分も消えてしまい黒の車のシルエットだけが残っています【2-12】。遠目には車のマークにしか見えません。かつてはNo Parkingだったのに今や駐車場のサインのように見えるということでNow Parking、ツイッター風に《駐車なう》と命名してみました。

【2-12】《駐車なう》
Now Parking

【2-13】《黒い車》
The black car

しかし、あらためてこの車のマークを眺めていて気づいたのですが、このマーク、いったいいつの時代のものなんでしょう。フロントガラスの真ん中に縦にピラーが入っているなんて、今どきバスや電車でも見かけなくなりました。もはやクラシックカーです。子どもたちの目にはどう映るんでしょうか。もしかしたら、丸いヘッドライトの上にある線は眉毛、バンパーは口、グリルは鼻……最初から顔に寄せて描かれたイラストに見えているのかもしれません。

駐車禁止看板の車のシルエットが気になってきました。看板の数としてはそんなに多くはないですが、横向きの昭和レトロカー【2-13】もときどき見かけます。なにやら実在する車の図面をトレースしたみたいにリアルなシルエットなのが特徴的です。

車に詳しい友人にこの写真を見せたところ、いすゞフローリアン初期型（一九六七～一九七

【2-14】《禁断のシルエット》
Forbidden silhouette

【2-15】《殿方用》
Gentlemen only

○年）だとすぐに同定してくれました。さすがです。調べてみるといすゞの名車117クーペ（ジウジアーロがデザインしたことで知られる）と同じシャーシの兄弟車なんですね。昭和レトロ気分もあがります。

しかし、なぜこの車種なのか。そして、なぜここまでリアルに描く必要あったのか？　こうした標識に使われる絵記号のことをピクトグラムと言いますが、そのデザインはできるだけシンプルに、形は一般化するのが鉄則なのに……。車種はわかりましたが新たな謎がいっそう膨らむばかりです。

駐車禁止の看板のはずが車のマークになってしまったのと同様に禁煙の看板が喫煙のマークに変わってしまうのはどうにも困り物です。

現在よく見かける禁煙のマークは水平に描かれた紙巻きタバコから煙が出ているピクトグラムに赤の斜線と丸囲みというものが主流ですが、

タバコを指に挟んだ手が描かれている珍しいタイプを見つけました【2-14】。ただ、赤の禁止サイン抜きでこうしてシルエットだけで見ると、シガレットの傾き、煙の渦と流れ、親指の形など細部にわたってこれはなかなか優雅な描かれ方をしていたんですね。禁煙の赤い色が消えたら、タバコが紳士淑女の嗜みとしてまだ趣のあった時代の文化的イメージが浮かび上がってきたというのはなんとも皮肉なことです。

赤い色が消えて黒いシルエットだけになって失敗が露呈されることもあります。

住宅地の駐車場の隅で見つけた看板【2-15】の「関係者以外」の文字の下には「立入禁止」の赤い文字があったであろうことは想像がつくのですが、問題はその上にあった立入禁止のマークです。これ何かが違うんですが、わかりますか？

きっと当初は誰も気がつかなかったのではないかと思うのですが、赤丸と斜線が消えて浮かび上がった人物のピクトグラム。これよく見たらトイレのドアで男女を区別するために使われるピクトグラムです。

男女不問で人を表すだけなら白のワイシャツのVゾーンのないただの人型でいいのですが、この看板を作成したデザイナーはうっかり「殿方用」のピクトグラムを使ってしまったようですね。夜中に歩いていて尿意をもよおした人が引き寄せられないといいのですが。

どうぶつの無言板――ペットから珍獣まであつまれ！

世の中にはいろいろな動物に関する看板や標識があります。

山間部では「熊出没注意」や「鹿飛び出し注意」の黄色い標識が有名ですが、街中にもペットの飼い主に向けたマナー看板からかわいいマスコットキャラクターの描かれた案内板までじつにさまざまな動物看板を見つけることができます。

とくに、文字が消えて動物だけになってしまった無言板は、迷い猫のようで放ってはおけません。優しく手を差し伸べるような気持ちで写真に収めて保護しましょう。

まずは、犬のマナー看板から。犬の飼い主以外の人にはあまり目立たない存在かもしれませんが、住宅地の路傍にはふんやおしっこの禁止や片付け、公園にはリードから放してはいけないなどじつに細かい注意喚起のバリエーションが街のあちこちに存在します。

迷惑と感じる人の心情を代弁するかのように凶暴で憎たらしい顔の犬の絵もありますが、やはり当事者である愛犬家の注意を引くためでしょう、かわいい犬のイラストが目立ちます。

大きく垂れた耳やふさふさの毛で覆われた足など、ディズニーの「わんわん物語」を彷彿とさせる愛らしい看板犬【2・16】ですが、黒い文字が消えているのと同時に黒い瞳だけが絵から欠落してしまって何やら不思議な表情になってしまいました。看板の注意書きが消えてもなお看板に留まり続けるこの犬、どこかあの忠犬にも似た一途さを感じます。

【2-16】《無言犬》
Say nothing dog

【2-17】《ここでどうぞ》
Do it here

ピクトグラム風の犬のイラストのマナー看板【2-17】もありますが、はっきりとうんちが描かれていることに注目です。とぐろを巻いたうんちは日本のマンガだけでなく意外にもかなりの国や地域でも通用する記号表現らしいのですが、それがピクトグラム化されたものは初めて見ました。ピクトグラムとマンガの記号表現はもともと違う考え方から成立しているはずですが、ここではそれが融合しています。私有地に立てられた自作看板ならではのリミックス表現といえそうです。でも、おそらく赤い文字といっしょに赤のバツ印も消えてしまったので、これでは逆に犬に用を足させる場所ですというサインになってしまっています。

パンダも見つけました【2-18】。

引越し業者のマスコットとしてよく見かける看板ですが、赤の塗料はすっかり消え落ちてしまい、これも駐車禁止ではなく駐車ＯＫになっ

【2-18】《ワイルドで行こう》
Born to be wild

【2-19】《ど根性パンダ》
Panda power pole

てしまっています。

そんなこともお構いなしに呑気にステアリングを握って無の車を走らせているパンダ。引越しの文字も消えて我が道を突っ走っています。野生に帰るつもりでしょうか。目のまわりの垂れた黒色がサングラスに見えてきました。タイトルは《ワイルドで行こう》で決まりです。

もうひとつ、同じ広告のパンダがものすごい状態になったものも見つけました【2-19】。

電柱に貼ったポスターが剥離したにもかかわらず黒いプリントの箇所だけがなぜかコンクリートに転写されたようにこびりついているのです。黒インキの載った部分だけが耐水性を発揮して糊のはがれを防いでしまったのでしょう。

あまりのピッタンコぶりに昭和の少年マンガに登場する平面ガエルを思い出しました。ストリートで生きるには根性！　根性！　ど根性でやんす。

糊跡芸術――接着剤で描かれたストリートアート

文字の消えた看板を探し求めて路上観察をしていると、看板そのものが消えてしまったという光景にも出くわします。なかでも、壁に貼った看板がはがれた結果、接着剤の跡があらわになったものは、取り付けた人の手癖のおかげで書や絵画を思わせる趣にあふれています。

まずはシンプルな傑作です【2-20】。昔のマンガではさっきまであったはずのものがなくなってしまったことを表すのに物の輪郭だけを点線で描いたりしましたが、その見立ての通りまさに「消えた看板」が描かれています。

点線のようにほぼ均等に配置された糊跡は取り付けた人の手による痕跡そのものです。看板を裏返しに寝かせて、四辺に沿ってコンクリート用接着剤のチューブの先から絞り出していったのでしょう。右下のドットがひとつ多いのはチューブの先に残ったダマをチョンチョンと擦り付けて切ったに違いありません。DIYの経験のある人ならわかると思います。

ただ、想定外だったのはブロックにしっかりと貼り付いた接着剤が、もう一方の看板素材との相性が今ひとつだったのか、肝心の看板のほうがはがれ落ちてしまったことです。おそらく中央部にも接着剤を塗るべきでした。残された点々は「無言」というより、何やら「絶句」しているようにも見えてきます。

さらに手の込んだ糊跡も見つけました【2-21】。線を引くように接着剤を塗るのは誰もがよくやることだと思いますが、四辺の内側にさらに四角形を書き、さらに二本の対角線で駄目押しとはかなり入念です。しかも、残された痕跡はなかなか堂に入っているじゃありませんか。この立派な筆跡、もはやストリート書道です。

糊跡のストリート書道でよく描かれる字は「口」や「回」や「田」など――部首でいうと「くにがまえ」の漢字が多いのが特徴ですが、【2-22】はどうでしょう。漢字の「図」に見えませんか。図が書かれると地肌の凹凸が際立つのもまた一興です。

写真【2-23】はあまりに個性的でもはや字には見えません。前衛書道かアンフォルメル絵画かと思いました。アンフォルメルとは「不定形」を意味するフランス語で、幾何学的抽象の反動として生まれた荒々しく絵具のほとばしるアクションペインティングの仲間です。

それにしても一体どうしてこんな姿に？――よく見ると透明のシートの下に白い両面テープが貼られ、その隙間に塗られた白い接着剤が貼り付けたときの圧で何やら絆創膏の下に塗った軟膏薬のように滲みて広がっています。まさに無意識の絵画です。

透明のシートはおそらくパウチ加工した掲示物の表面と中身がはがれ落ちた残骸でしょう。普段は見られない接着液のものすごい形相を透明シートが見せてくれました。

接着剤の形相といえば【2-24】も秀逸です。年季の入った物置小屋の扉のガラス窓の部分をふさいでいた板がはがれたら、黒地に白い糊の跡が出現したということでしょう。縦横に重なるように引かれた接着液のラインがまるで格子窓のように見えます。でも、さらに凝視していたらもっと驚くべきものが見えてきました。そう、実に「無」の一字です。

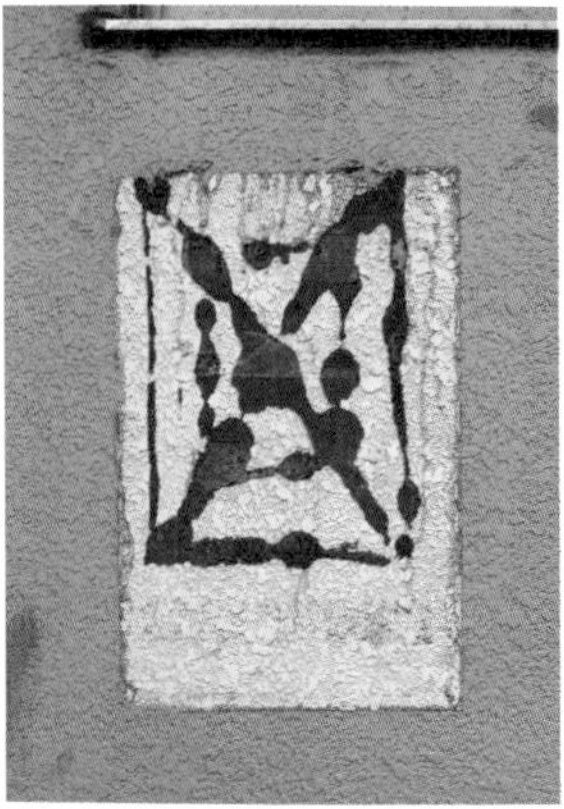

【2-21】《回にバツ》
Street calligraphy

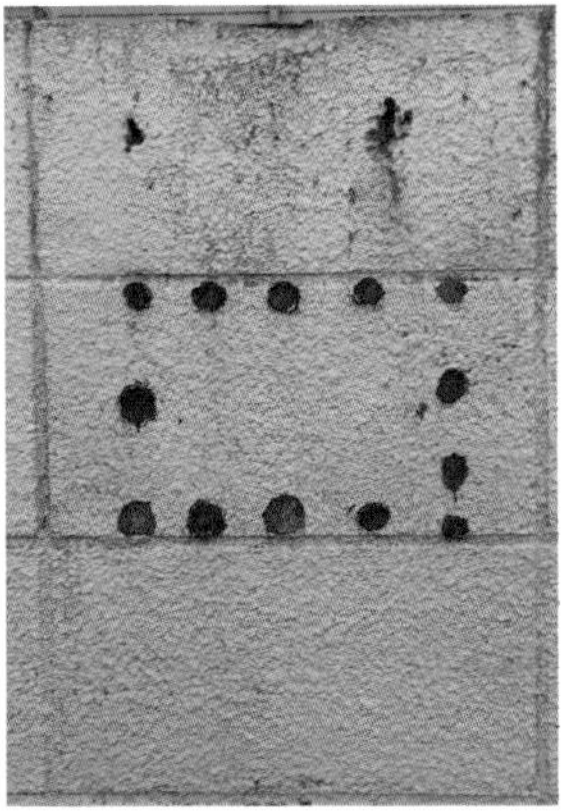

【2-20】《点線の残像》
Dotted afterimage

【2-23】《無につける薬》
Glue under nothing

【2-22】《「図」を書けば地が際立つ》
Calligraphy glue on the wall

【2-24】《無言の扉》Just a say-nothing-door

テープ絵画——テープ跡が織りなす幾何学的抽象

そこにあったはずの看板がなくなった後に現れる接着の痕跡には糊以外のものもあります。とくに、最近の両面テープは強力なので、張り紙やプレートが劣化してはがれた後も壁や塀などの支持体の方に粘着したまままきれいに残存しています。そして、シンプルな直線で構成された幾何学模様は何かの記号か抽象絵画のようにも見えます。

商店街を駅に向かう途中のコンビニの前で大きなバッテン印を見つけました【2-25】。張り紙が浮いてしわにならないよう、まず四辺に沿って両面テープで囲み、二本の対角線で角と角を最短距離で結んだのでしょう。絵画というより定規で引いた図面みたいですが、純粋抽象の緊張と調和が感じられます。

さらに注目したいのはこのテープの貼り方、テーピングの作法です。よく見ると二本目に引く対角線を途中で切って、一本目の対角線を避けて貼っているのです。厚手の両面テープが重なると接着面がフラットでなくなるからですね。

無駄を排除しようとする合理主義とていねいな手作業が、均整のとれた図形の中にちょっとしたアシンメトリー（左右非対称）のアクセントを加えてしまったというわけです。

黒の両面テープの絵画にはほかにもいろいろなバリエーションがあります。

写真【2-26】は、四辺を囲んだ後に中央の空白を埋めるためにトタン板のリブ（突起）

に沿って平行線に貼ったものですが、何やら鉄格子の入った窓のようなことになっています。

アメリカのネオ・ジオ（新幾何学抽象）を代表する画家、ピーター・ハリーが描く檻の形の抽象絵画、名付けてプリズン・ペインティング（監獄の絵）を連想しました。線の太さもバランスも偶然ですがそっくりです。

よく見るとトタン板の平坦な部分にもさらに古い白の両面テープの跡が残っているので、これを貼った人はきっと試行錯誤の末、最終的に凸部に貼ったに違いありません。

ただ、テープはしっかりと粘着したのですが、それでも肝心の看板が落ちてしまったのは失敗でした。次はいったいどうするのかが気になります。

水平の平行線状のテープ絵画もありました【2-27】。看板を留めるためにこの量の両面テープはいくらなんでも貼りすぎのような気がします。しかし、フリーハンドで引かれたストライプが偶然にもリズミカルな縞模様を画面いっぱいに広げました。とにかくはがれてしまってはいけないという思いが、むしろ思いがけない作品を生み出したようです。

斜めに三本ラインも見つけました【2-28】。

対角線を引いた後でふたつの二等辺三角形の余白を短い線で埋めたセンスはなかなかユニークというか、猫の爪痕のような効果を生み出しました。同じサイズの何かが二枚連貼りされたおかげで、窓ガラスの反射を描いたマンガ絵のタッチにも見えますね。

写真【2-29】は白地に黒テープで「川」の字が書かれたストリート書道です。

最初に貼られていた掲示物のインクが消えて無言板化した上に新たな張り紙が両面テープ

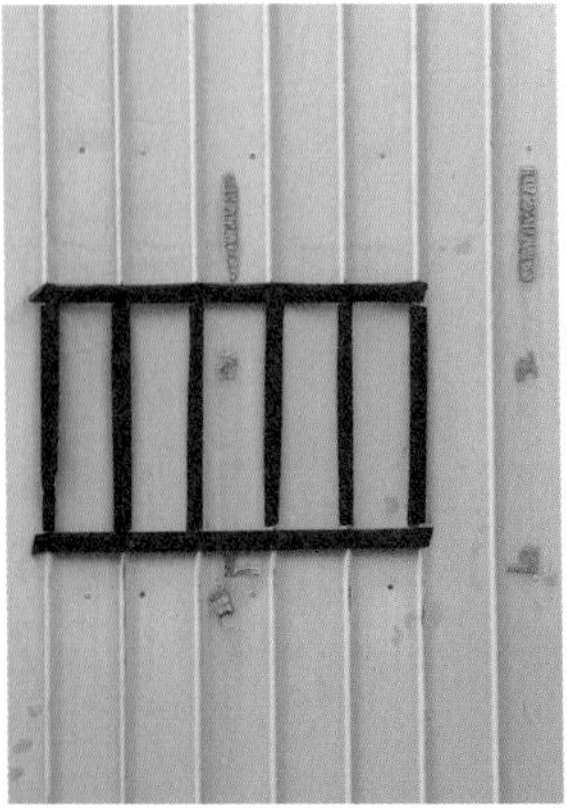

【2-26】《監獄の窓》
Prison window

【2-25】《合理主義者の痕跡》
A rationalist was here

【2-27】《テープ貼りすぎ》 Too much tape

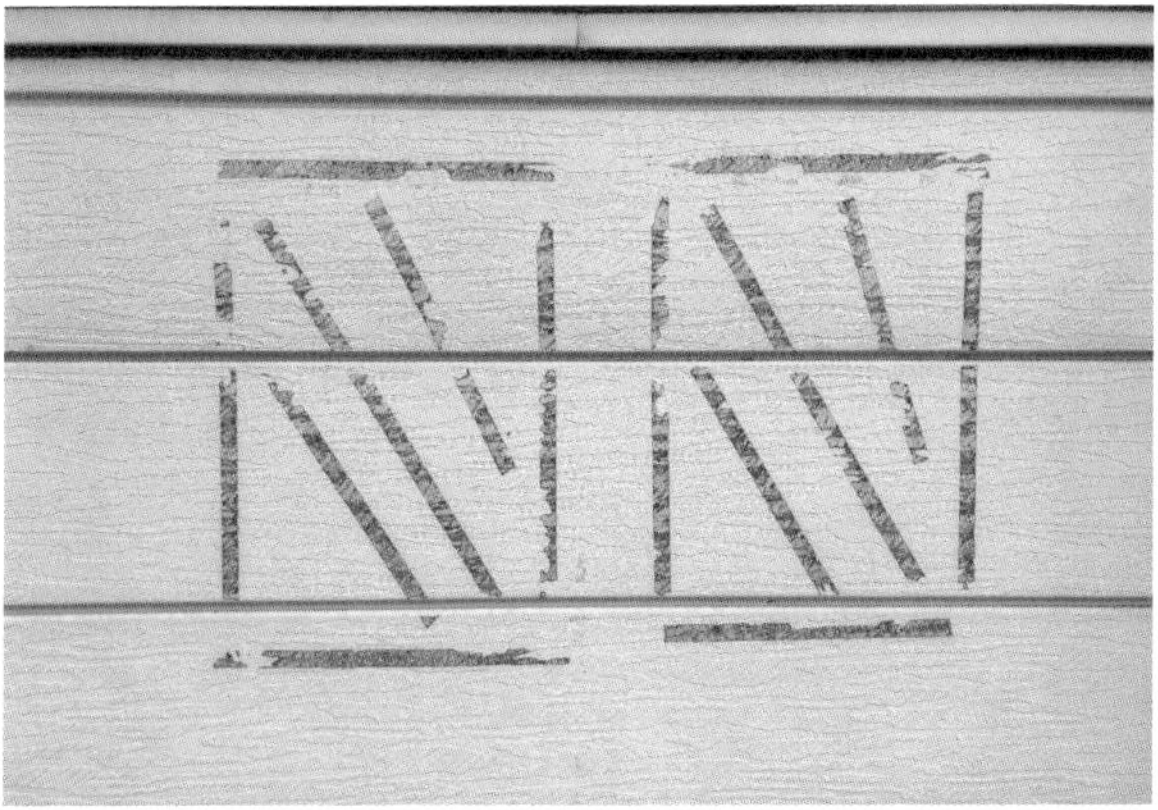

【2-28】《反射する窓》Reflecting windows

【2-30】《下手な擬態》
Poor mimicries

【2-29】《川のように穏やかに》
Peace like a river

で留められていたのでしょう。それが脱落したところで、白い地色が半紙のような役割を果たしたことと三本の線の長さが絶妙に異なっていることが重なって、実直な字面の「川」が出現しました。払いも抜きもありませんが、滑らかで淀みのない流れが感じられます。

さらに「川」の字から意図しない傑作が生まれました【2・30】。柵に結束バンドでくくり付けられたベニヤ板に黒の両面テープが残っていて、一瞬同じ向きの黒い柵にそろえたのかとも思いましたが、間隔が明らかに異なることからこれは偶然のしわざでしょう。

花や木肌を擬態する昆虫のように風景の中にじっとしていながら全然溶け込みきれていない様子が、二人そろってドジっ子みたいで微笑ましくもあります。

ストリートテーピング術——文字を消したり書いたり

以前マウリツィオ・カテランというアーティストのバナナを銀色のダクトテープで壁に留めただけという作品が、日本円にして約一千三百万円で売れたというニュースが話題を呼びました。テープを貼っただけでバナナがなぜそんな高額になるのか現代美術はやはりわからない、といったコメントでネット上が沸きました。

なにしろそれは《コメディアン》という題名の作品ですから実際ふざけた作品なのですが、ダクトテープを使った代表作のあるカテランが、アンディ・ウォーホルを思わせるバナナをテープでやっつけたということが現代風の反芸術のコンセプトとして高く評価されたのです。

さらにおもしろかったのはその後、欧米では自社商品をダクトテープで留めただけのパロディ広告がつぎつぎと登場したことです。カテランのバナナに比べればうちの商品はこんなに安いという悪ノリの広告合戦でSNSも祭り状態になりました。ダクトテープ一本で結果的に現実の消費社会まで浮き彫りにしてしまったのですから、カテランの作品はやはり名作だったといえるでしょう。

そんな一件があったおかげで、街角に貼られたテープ類を見かけるとなんでもアートに見えてしまうのです。

たとえば、閉じられたシャッターの張り紙です【2-31】。銀色のダクトテープで適当に留められた感じがカテランのバナナの作品を思わせます。《これもコメディアン》とタイトルしたくなる傑作です。

よく見るとせっかく雨除けのビニールをかけたのに、紫外線ですっかり褪色して文字はほとんど消えてしまいました。わずかに重なった部分に「詳しくは」という文字が読めるのですが、それ以上詳しいことはわかりません。

都心の公園の片隅にあった喫煙所の看板の文字がガムテープで隠されていました【2-32】。受動喫煙防止条例によって公園の喫煙所も閉鎖されてしまったのですが、ガラスの囲いまでは撤去されることなくそのまま残されていて、その看板の文字の部分がとりあえず応急処置的にテープで消されているのです。

それより注目したいのは文字看板の上にある喫煙所のピクトグラムにもガムテープが貼ら

【2-31】《これもコメディアン》 Another comedian

【2-33】《サービス終了》
No longer available

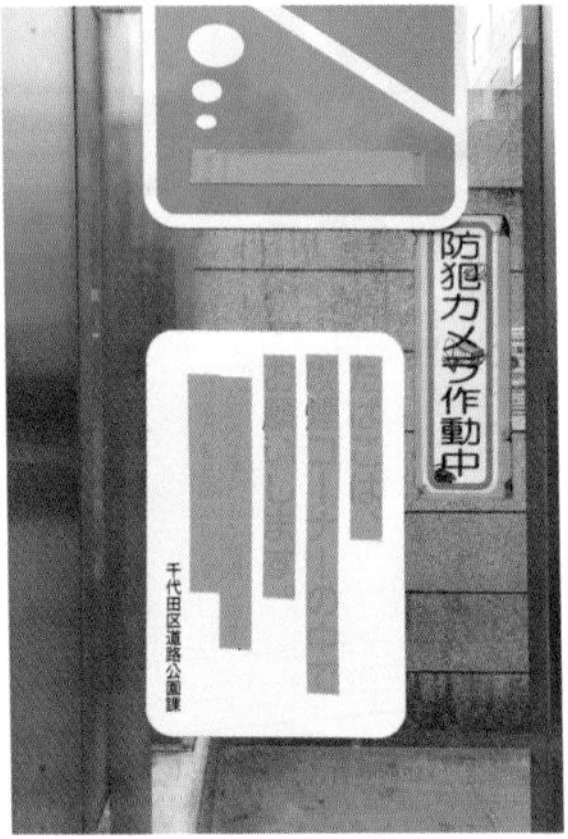

【2-32】《たばこ検閲済》
Censored cigarette

【2-34】《ツイン・ピークスの扉》Twin peaks door

【2-35】《謎の放射状テープ壁画》Radial mystery marking

れていることです。煙はそのままでシガレットの部分にだけテープを貼っているのは頭隠して尻隠さずといった感じです。偶然にも幅の寸法がぴったりなのもご愛嬌です。

話は変わりますが、携帯電話やスマートフォンの普及によって街角から多くの公衆電話や電話ボックスが姿を消してしまいました。NTTが設置したボックスの多くはすでに跡形もなく取り払われていますが、マンションや公共施設など建築に付随していたタイプのものは電話機が撤去されたあとも台座やボックスがそのまま残されているのをたまに見かけます。

【2-33】もそのひとつ。一九八〇年代風のタイル貼りの建物の一角に設えられた電話ボックスの上部のメタルプレートに刻まれたTELEPHONEの文字が銀色のテープで消されています。テープの材質が薄いので文字が透けて普通に読めてしまうあたりが何とも物悲しく「旧世代メディア遺構」とでも呼びたい物件です。

テープで文字を消すだけではなく、書くこともできます。

二〇〇〇年代のJR新宿駅の改装工事期間中、駅構内のあちこちにガムテープで書かれた仮設案内表示板が設置されていました。直線とアール(曲線)の際立ったユニークな文字の形に興味を持ったおもしろネット動画集団トリオフォーの調査で、その作者が駅の警備員の佐藤修悦さんであることがわかると、その名前から「修悦体フォント」と命名され、書籍やグッズにもなって話題を呼びました。

とにかく目立つ。そして、人の手の温もりが感じられる。コンピュータ・フォントにはない魅力の修悦体のテープ看板は、その後もＪＲ日暮里駅や小田急線下北沢駅でも活躍していましたが、最近あまり見かけなくなったと思っていたところ、新宿駅東口の工事現場で久しぶりに発見しました【2-34】。しかも、その下にはテープの貼り跡の無言板まで付いています。

ふたつの三角形は、かつてなにかの標識が貼られていたのでしょうか。それにしても修悦体と無言板が同時に存在する扉とは好対照なレア物件です。

ちなみに扉の左右幅に収めるためにものすごい長体変形がかけられていて読みづらいのですが、これは工事関係者向けの看板なので通行人には読めなくても問題ありません。上は「鉄建・大林・フジタＪＶ」、下は「東口ヤード」。濁点のデザイン処理があまりにも独特ですが、鉄道駅の工事現場といえばやはりこれです。雰囲気アップに一役買っています。

とある住宅の工事現場の仮囲いでは、テープ文字よりもさらに大胆な巨大テーピング壁画【2-35】に遭遇しました。近寄って見るとグリーンの養生テープで中央から放射状に十本、水平に三本のラインが引かれています。長さから察するにテープを丸ごと一巻使ったのかもしれません。他にはないスケールの超大作です。

特に角度や水平を気にせずフリーハンドで大胆に迷いなく引いた感じがダイナミックで遠目にもなかなか良い絵です。しかし、いったい何のために描かれたのでしょう。工事資材の盗難防止のためのような気もしますが、その目的は一般の通行人にはわかりません。

3 ミニマルアート――最少限であることの美学

空っぽ水槽――消えた言葉の魚たち

ミニマルアートとは、一九六〇年代の主流だった抽象表現主義に対抗する形で生まれた美術動向で、作品から装飾性や感情表現などの要素を削ぎ落とすことで芸術の本質を明らかにしようとしたものです。たとえば、アメリカのミニマルアーティスト、ドナルド・ジャッドの彫刻は金属の箱形で人の手が感じられない工業製品のような仕上げに特徴があります。

そして、そんなミニマルアートのような無言板があるのです。

町内会の掲示板はたいてい屋根付きのむき出し看板ですが、公民館や信用金庫の前にはガラス張りのポスターケースを見かけることがあります。雨風からポスターを守る防水性能はもちろん、錆びないステンレスのフレームに強化ガラス、夜間に内部を照らすLEDライトを内蔵するなど贅を尽くしたハイエンドな仕様は、最強の屋外用掲示板といってもいいでしょう。

通常何かポスターが掲示されているときにはその造作に気を留めることもないのですが、掲示物がないと急にその存在感が際立って見えてきます。このまま美術館の展示室に置かれ

【3-01】《想像の水で満たしなさい》
Fill the empty aquarium with imaginary water

たらミニマルアートの金属彫刻と見紛うほどです。

たとえば、空っぽになったガラスケース【3・01】はこうして見るとまるで水槽です。水を注いで魚を泳がせたらそのままアクアリウムにできそうですが、実際には水の重量や水圧、日照の問題からそんなことはできるはずもないので、ここはジョン・レノンにならって想像の水を張って想像の観賞魚を泳がせることにしましょうか。ミニマルな作りのコンセプチュアルなアクアリウムが頭の中で完成しました。

水槽型掲示板には壁取り付け型のもの【3・02】もあります。かなり大型の一枚ガラスで、やはり中身は空っぽでした。よく見ると老朽化してフレームの下の方に隙間ができています。今度は、文字の魚たちがこの隙間から水といっしょに流れ出していく童話のような情景が頭に浮かんできました。

82ページ上段左の写真【3・03】のガラス張りのケースの中には白い帯が一本。普段なら式場を使う家族の名前が記されるところでしょうが、この日の利用はありません。「ご案内」という文字だけが現世の無常を案内しています。

下段の写真【3・04】は水槽にしてはちょっと奥行きが足りないのが惜しいところですが、一枚ガラスの頑強な姿は遠くからでも目を引かれました。

左右幅ぴったりのブルーの台座、フレームの角を斜めに落とした屋根代わりの造形などなかなかの出来栄えでデザイナーの心意気を感じます、もしかしたら金属彫刻家に近い職能を持った人の仕事かもしれません。

ほこりと汚れを拭って磨いてあげれば、このまま中身をデジタルサイネージに変更してもまったく今風で遜色がない気がします。無言板になったおかげで優れたデザインが映えるというのも皮肉なことですが、これぞミニマルなアートです。

地下鉄の階段の踊り場にあった広告掲示板【3-05】は、クライアントが撤退したのか、通常なら白いガラスが入るところですが、調達できなかったのか透明なガラスがはめられていました。照明の入った広告板の中をこうして覗くことは珍しく、光を均等にまわすために四本の蛍光管がこのような位置にレイアウトされているという事実にいたく感心もさせられるのですが、すでにＬＥＤが照明器具の主流となった今、これは早晩製造打ち切りの運命にある蛍光灯の最後の姿を保存した展示ケースのようにも見えます。

現代美術の好きな方ならダン・フレイヴィンの蛍光灯を使った作品をご存知だと思いますが、収蔵する美術館はいずれ蛍光灯が市場から消えることを見越して品質の良い蛍光管を大量にストックしていると聞いたことがあります。

さて、地下通路によくあるショーウィンドウもかつてはインスタレーションのように工夫を凝らした立体ディスプレイで華やかでしたが、景気後退が続いた結果、今は【3-06】の通りのがらんどうです。スケール的に水族館の水槽を思わせますが、こうも空っぽの状態が続くと寂しさが募ります。

人通りもまばらになった地下通路に佇み、ふと目を床に向けるとタイルの柄がパズルゲームのブロックピースのようにも（正確には配列がちょっと違います）、枯山水の置石のレイア

【3-03】《蒸発したご案内》
Evaporated information

【3-02】《空威張り》
Brazen

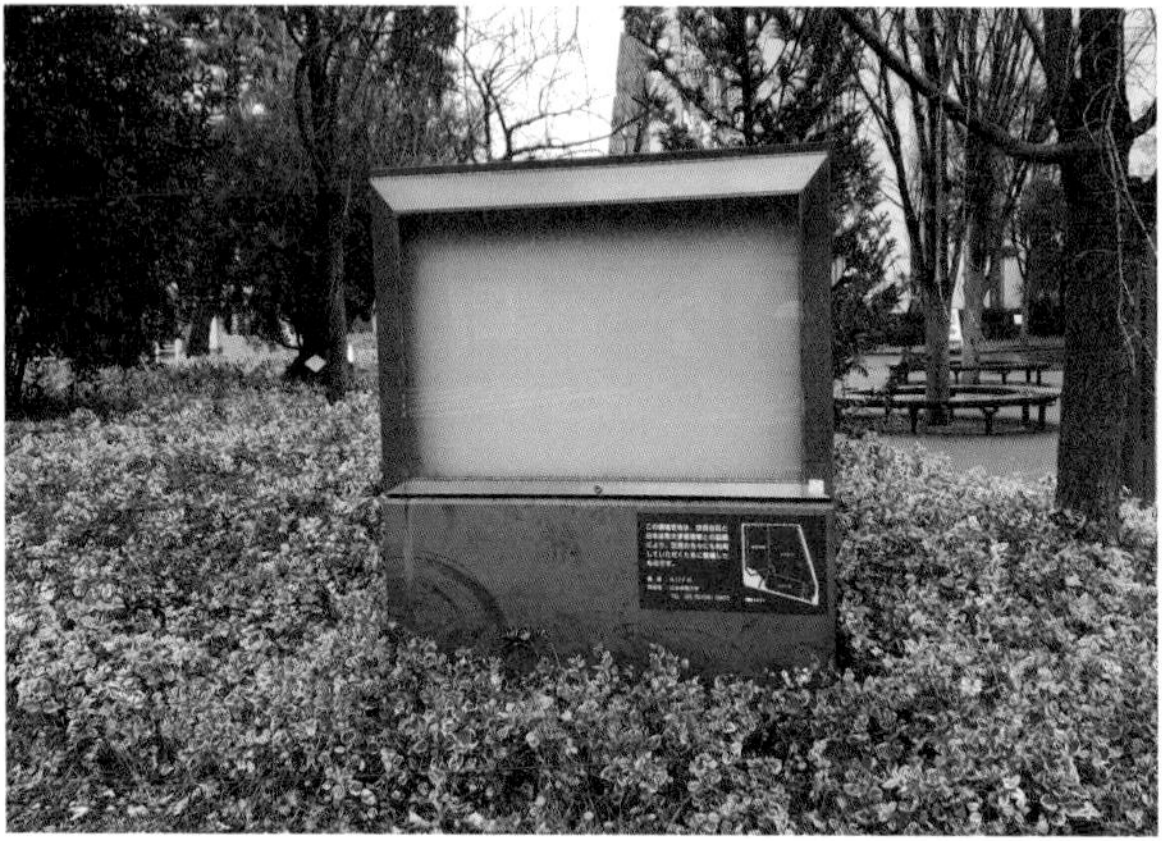

【3-04】《液晶テレビではない》 Not an LCD but an SNB

【3-05】《絶滅危惧種の展示ケース、蛍光管》
A display of fluorescent tubes, an endangered species

【3-06】《がらんどう、テトリスの床》 Empty, Tetris floor

ウトのようにも見えてきました。

禅寺の石庭のごとく時空を超越したこの場所で、都会の喧騒からしばし逃れて瞑想します。

ここに空《くう》あり。空に無ありと。

空色看板――空の色に似ている

看板といえば白ばかりかと思いきや意外にも多いのがこの〈空色看板〉です。ミニマルアートというより正確にはモノクローム絵画の部類に入りますが、なにも描かないことでただ平面が存在することを静かに主張しています。空《そら》の絵は空《くう》の絵でもあります。

線路沿いの路地の脇にベニヤ板の〈空色看板〉がありました【3・07】。

ペンキの剝離したところから下地の白色が露出し始めている感じが、背景の空を流れる雲と見事に呼応しています。

カメラのファインダーを覗きながら、ふと『空の色ににている』という少女マンガのタイトルが頭に浮かびました。私と同世代の熱心なマンガ読者ならきっとご存知でしょう。一九八〇年代の日本の少女マンガ界で、まるで英国十九世紀のラファエロ前派のように耽美で緻密な画風で人気を博しながらもわずか十二年間ほどで執筆をやめてしまった伝説のマンガ家・内田善美の代表作のひとつです。

マンガの内容とは関係ないのですが、以来この手の看板を目にするたびに私の頭の中にこ

の詩的なフレーズが思い起こされるようになりました。空の色——そう、これは水色という
よりやはり空色といったほうがしっくりくると思うのです。

日本人にとって色はうつろいです。決まった個体色のもつ意味よりも季節や時の移り変わりとともに変化するものではないかと考えていたら、【3-08】の看板を見つけました。ブルーが褪色して微妙に薄くなっている様子がちょうど空の色とかぶっています。色褪せて薄汚れた看板のはずなのに、流れる絵の具のように風景に溶け込んだ姿はうたかたの夢のようです。

実際の空の色との対比が際立つ場合もあります。住宅地の駐車場にあった空色看板【3-09】は、何かの理由で掲示内容が古くなったのでしょう。取り外さずに上から塗りつぶしてしまえという乱暴な処置でライトブルーが選ばれました。曇り空の下でもこの四角い部分にだけ青空がキャプチャーされているかのような光景は、マグリットの絵画のようにシュールでした。

同じように捕獲された青空を屋内でも見つけました【3-10】。

駅の通路の壁面に仕組まれたエアコンのカバーの上に小ぶりの掲示板が取り付けられていました。掲示物がなくなったまま空色のボードとして残存しているのですが、ちょうど目の高さにあるのでまるで空を描いた絵が掛けられているようです。

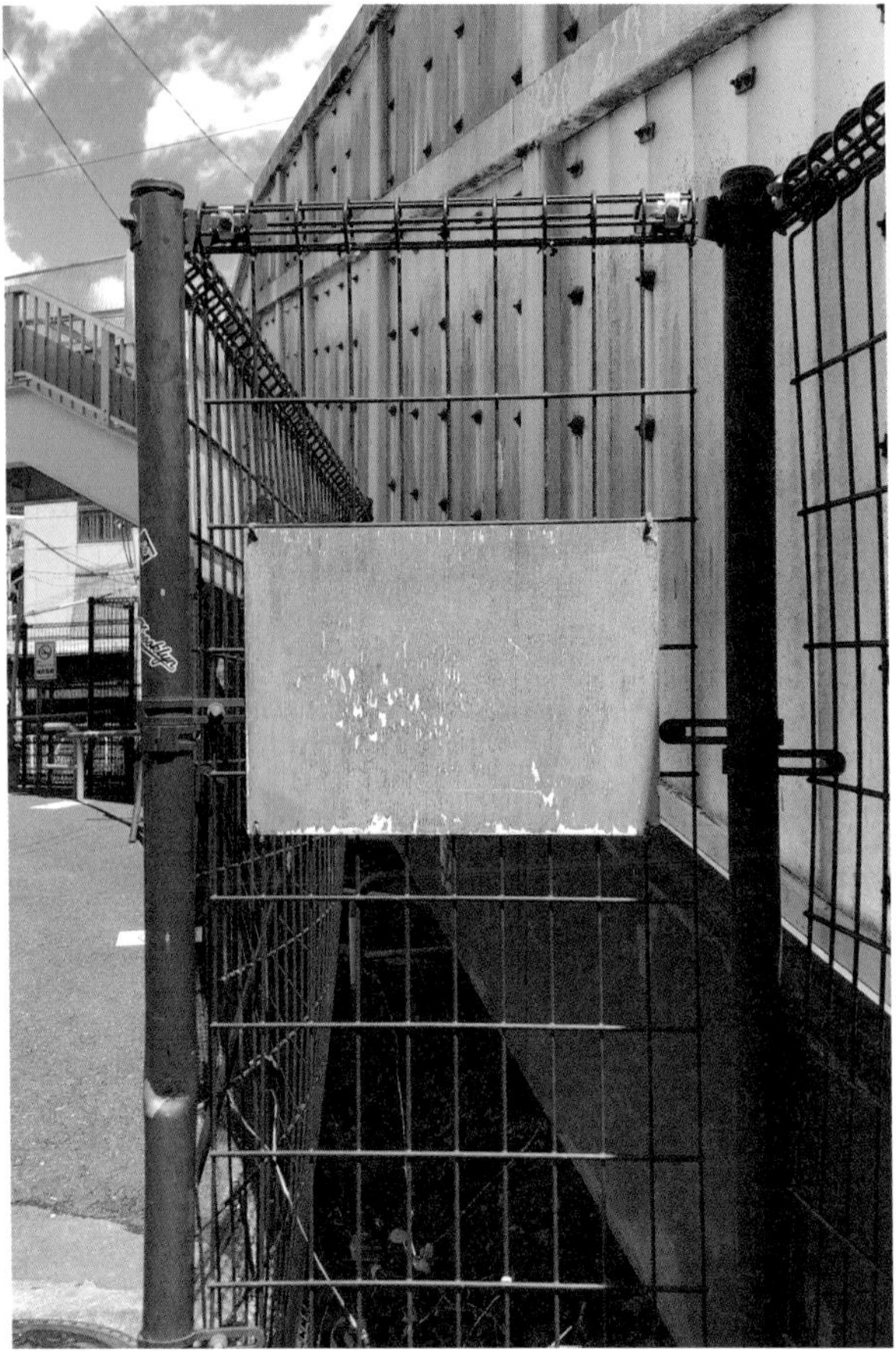

【3-07】《空の色に似ている》The color of the sky

【3-08】《空の色に似ていく》Taking after the color of the sky

【3-10】《ダクトカバーに青空》
Sky painting on a duct cover

【3-09】《囚われた青空》
Captive sky

緑色看板——目にやさしく心にもやさしい

おそらく数の上では〈空色看板〉以上に多いのではないでしょうか。グリーンの無言板を〈緑色看板〉と名付けて採集してみました。

まずは、団地の入り口で見つけたのは立てられたばかりの真新しいグリーンの掲示板です。まだ何も掲示物が貼られていません。緑の低木に囲まれて立つその姿がじつに凜としていて、すぐに《常緑樹》というタイトルが閃きました。秋が来て木々が枯れてもこの緑色の鮮やかさは変わらないでしょう。まさにエヴァーグリーンです。【3・11】

緑色ももちろん気になりますが、看板愛好家としてはこの屋根の形も気になります。雨よけにしてはかなり大きく張り出したこの屋根。掲示物の下の方まで濡らすまいと計算された角度とサイズなのか、合理的な中に優しさがある。団地には頼もしい限りのデザインです。

さて、駅を降りたらなんとも味わいのある無言の町会掲示板が目前に立っていました【3・12】。

注目すべきは独特なスタンドフレームの形状です。柔らかなアールを描いたスチールパイプで左右からボードを挟み、足下には向かい合わせのS字の装飾が施され、なかなか愛嬌があります。

ボードの上の方にはたくさんの画鋲が出番待ちをしています。画鋲に小さな四角い紙が挟んであるのは抜き差しするときに指先や紙を傷めない工夫でしょう。使用者の意図が見える様子から、掲示物がなく無言なのはこのときたまただったのかもしれませんね。

廃校舎を利用した区民の文化施設の廊下では懐かしい新聞ニュース掲示板【3-13】を見つけました。かつては報道写真のポスターが毎週にぎやかに貼られていたはずですが、今はただひっそりと緑色のボード全面を露にしているだけです。

こうして見ると掲示板を緑色にする風習は学校に由来していることが推察できます。教室の黒板がおそらくは目にやさしいという理由で緑色になり、それに合わせて教室の後ろ側の掲示壁も緑色の壁紙であしらわれるようになったことで、画鋲で何かを貼るための板は緑色にという習慣が広まったに違いありません。

画鋲を刺す掲示板は緑色、という固定観念は製品にも反映されて現在に至ります。まだ新しいマンションの共有通路にある掲示板【3-14】は何も貼られることなくひっそりとただ純粋な緑色の色面として壁に掛けられていました。いずれ管理人さんが何かを貼ってしまうのではないかと妙な心配をしながら密かにドキドキしています。

再び屋外へ出てみましょう。鮮やかな五月晴れの下、爽やかなペパーミントグリーンの看板【3-15】が目に入ってきました。

これは行政が指定する生産緑地地区の看板で、農作物をイメージしているためもともと緑色の看板だったのが、雨風にさらされて褪色し文字も消えかけているようです。やがて完全に文字が読めなくなってしまえばこの看板は畑の風景に溶け込んでしまいそう……いや、むしろそうなったときこそが本当の自然が還ってくる日なのかもしれません。

【3-11】《常緑樹》Evergreen

【3-13】《廃校にニュース無し》
No news in the old school

【3-12】《沈黙は金メダル》
Silence is golden

【3-15】《緑化して無と化していく》
Greening and disappearing

【3-14】《緑の絵画賞》
Monochrome painting, green

背面無言板——背中で何も語らず

看板の裏側が露出して白い背中を見せている場面に出くわすことがあります。無言板の定義を「経年変化によって文字が消えたもの」とするならこれはそこには含まれないのですが、それでも真っ白な板が公然と立っている情景はなんとも潔く、ついつい眺めてしまいます。裏側には何も書かれていなくて当たり前——その適当な当たり前さかげんが、いわゆる背中で語る男とは正反対に背中で何も語らない〈背面無言板〉の美学です。でも、この美学、孤高すぎるのかなかなか世間様とは相性がよろしくないようで……。順番にその超不器用な生き様を見ていきましょう。

写真【3-16】は見つけた瞬間、あまりの見事さに惚れ惚れしました。立ててまだ日の浅いことは足元のコンクリートの生肌を見ればわかります。《後ろの正面》と名付けてみましたが、無言なのは車道から見た裏側で、文字情報の載せられた表側は歩道側に向けられています。市区町村が設置する「住居表示街区案内図」というやつです。

このような案内板は本来は壁沿いに——つまりは背面を見えないように塀や垣根に向けて設置するのが理にかなっているはずなのに、地権者とのやりとりでその道理が通らないケースが多々あるのでしょう。結果的にマンション再開発の際にきれいに整備された並木の腰掛けや街路照明などのレイアウトが台無しになっています。歩道側からこの看板を見る人には元々ある車止めの置き石がじゃまと思われているに違いありません。

なんとも心がもやもやしたまま散策を続けます。

思うに、車道側からの景観を考えたら、こうした「後ろの正面」タイプの案内板は塗装色を白でなく灰茶色や深緑色などのアースカラーにしておくのが無難な気がします。

街区案内図の背面の塗装色は行政区によって定められているのか、都心エリアでは思い切りよく黒で塗られている街区がありました【3・17】。だいぶ目立たなくなりましたがフレームは白のままなので完全には景観に溶け込んでいません。道の反対側の歩道から見たら偶然にもビルの窓が同じ形で並んでいて、むしろ苦笑が誘われました。《地上に落ちてきた窓》はデヴィッド・ボウイの『地球に落ちてきた男』にならっての命名です。「ジギー・スターダスト」の鼻歌とともに歩いていきます。

高級マンションの一角の公園のベンチに腰を下ろしたときに目の前にあった無言板ですが、斜め四十五度上から見下ろす監視カメラの存在に気がついてはっとさせられました【3・18】。

無を監視するカメラとはなんて禅的な存在だろうと感心しかけたら、実はこれも背面無言板で、カメラは街路案内図の書かれた向こう側を向いていました。マンションの共有地ですから訪問者を二十四時間モニタリングしているのでしょう。

それにしても街路案内板の背面が露出してしまう問題、どうにかならないものでしょうか。

その問題のひとつの解決方法が【3・19】です。空港で見つけた案内板ですが、案内所や情報コーナーを表す丸に小文字の「i」のサインを裏面に大きく掲示することで、遠目にも

【3-16】《後ろの正面》In front of the back

【3-18】《無を監視するカメラ》
Monitoring nothing

【3-17】《地上に落ちてきた窓》
The window that fell to earth

【3-19】《タップしてゲットして》
Tap here to get info

【3-20】《影の絵画》
Shadow painting

ここに案内板があることがわかります。

高速道路のサービスエリアで休憩をした後、駐車場に向かう小径で大きな背面無言板が目の前にありました【3-20】。来るときには普通に表側を見ていたはずですが、帰りに裏側を見たら真っ白な大画面に木々の影が映ってまるで屛風絵のような構図を作り出していたのです。

写真を撮るためにしばらくその場にいたら、日差しの加減によって影の濃淡が揺らめいたり、時間の経過で微妙に構図が変化したりすることに気がつきました。何も書かれていない背面が、流れる時間やうつろう光景を映すスクリーンの役目を果たしているのです。

悩ましき案内板の背面露出問題は、なまじ人の手に負えるものではなくこうして自然の力でまったく別のものとして解決されうるものなのかもしれません。

ロードサイド・モノリス――202X年路傍の旅

『2001年宇宙の旅』に登場する謎の物体モノリスは見た目ミニマルアートによく似ています。それもそのはず、実はスタンリー・キューブリック監督はモノリスをデザインするにあたってアメリカ西海岸の現代美術家ジョン・マクラッケンの作品を参考にしたという逸話があります。一九六〇年代から絵画の立体化に取り組んでいたマクラッケンは、サーフボードのシェーピング技術に着想を得て合板や樹脂製の板をラッカー塗装で工業製品のように仕上げたミニマルアートの先駆となる作品を発表していました。人間の存在を超えた宇宙的で未来的なその姿が監督の目に留まり、モノリスは黒い板状の物体になったというのです。

無言板の中にはそのモノリスを思わせるミニマルな形状のものが意外にあります。そもそもモノリスは超人間的で徹底して無言ですから似ているのも道理です。

そこで、道端に直立するモノリスのそっくりさんを集めてみました。路傍の石ならぬ路傍の宇宙意思――触れると火傷、じゃなかった、進化するぜ！

まずは、駅の近くの住宅街に突如出現した謎の黒板です【3-21】。マットな鉄の質感といい、その超然たるたたずまいといい、実にモノリス然とした風格ではありませんか。

勘のいい人ならすぐにおわかりかもしれませんが、これは看板の裏側です。道路に面した方が表側で、これから新築されるマンションのモデルルームのロゴが刻まれていました。高級なイメージを演出するためか鉄板の張子の造作で、見た目にも重厚です。小分類として〈背面モノリス〉と名付けましょう。

もうひとつ、大学のキャンパスの入り口でも〈背面モノリス〉を発見しました【3・22】。背も高く幅も広めで遠目に見て存在感がありましたが、近寄ってみると上下を継ぎ足した線が残っているのがちょっと残念です。側面が銀色のフレーム部材で仕上げられているのは、見方によっては本当のミニマル彫刻のように工業製品的で格好良いのですが、宇宙の意思をつかさどる存在としては神秘さに欠けています。

表側にまわるとキャンパスの見取り図に建物の名前が見慣れた地球の文字で記されていました。進化の兆しは見られません。

地下鉄のホームでは銀色のモノリスが発見されました【3・23】。

いや、正確には以前からずっとあったはずなのですが、ついに私にも進化の兆しが訪れたのでしょうか。ようやくその存在が目に入ってきました。

ふと気がつくと降り立ったホームに人影はありません。どうやら近年これに触れた通勤客はつぎつぎとリモートワーカーに進化してしまったに違いありません。

地下鉄を降りた別の駅では白いモノリスに遭遇しました【3・24】。

宇宙意思のメッセンジャーもレアなホワイトエディションを投入してくるとはなかなかおしゃれでマニアックな展開を仕掛けてきたなとボケつつ感心したいところですが、あらためてちょっと冷静に考えてみてください――この四角い箱、本当はいったい何なのかと。

【3-21】《2021年路傍の旅》2021 roadside odyssey

【3-23】《銀の進化板》
Monolith d'argento

【3-22】《モノリスの裏側》
Backside of a Monolith

【3-25】《江戸っ子のモノリス》
Wooden Monolith

【3-24】《ホワイトエディション》
White Monolith

ふだん駅を利用している分にはまったく気にならないのですが、この平たい直方体は消火栓ボックスで、中には消火器や放水ホースが入っているものです。

表側には確かに消火栓という文字の書かれた扉と赤い非常灯が付いているのですが、このように裏側から見るとさっぱりわかりません。むしろ外観を銀や白にすることで周囲の環境と同化させ、存在感を消そうとしているのでしょう。でも近年、空港や海外の都市ではこうした消火栓ボックスは全面透明で中身をわざと見せているものが増えています。中身を隠さずに可視化することで非常時への心の備えと日常の安心感を与えてくれるのです。

そう考えるとこの駅の消火栓ボックスは見た目がモノリスの割に公共デザインとしては時代遅れとしか言いようがありません。進化すべきはこのモノリスの方です。

時代遅れと言われるくらいなら、てやんでえ、いっそ時代を逆行してやろうじゃないかと言わんばかりに、東京の下町、深川資料館通りでは木製のモノリス【3‐25】に遭遇しました。

近くに木場という地名が残るとおり江戸時代から材木商の町ですからね。粋でいなせな江戸っ子のモノリスはこうじゃなくちゃ。触るとべらんめえ口調が板についちまうぜ、というしゃれたオチも思いつきましたがここは堪えてもう少し解説を続けることにします。

よく見ると無垢の一枚板でも合板でもなく集成材を使っているのですが、雨に濡れても変形しないからですね。さすが材木の町です。

そして、この木製モノリス、実はひとつでなく道の両側にずらりと並んでいることに気付きました。木場の正月飾りの看板の名残だったようです。

〈無〉確認発光物体――無字との遭遇

このところ無言板が増えたような気がするのは、空き店舗や空きビル看板、そしてポスターの貼られていない広告掲示板が増えたからに違いありません。経年変化によって文字が物理的に劣化して消えていくのではなく、長引く不況やライフスタイルの変化によって看板の中にあった情報やそれが指す存在そのものが消えていくのです。

夜の街に浮かぶ雑居ビルの照明看板も一階から三階まで真っ白です【3-26】。テナントのいなくなった雑居ビルの看板を点灯させておく必要はないはずですが、おそらく電灯代わりなのでしょう。これを消すと真っ暗になってしまい、最上階に住むオーナーさんが出入りするのに不便なのかもしれません。

己の〈無〉を確かめるように発光するその姿を「〈無〉確認発光物体」と名付けます。

地下鉄の駅の通路では多数の〈無〉確認発光物体に遭遇しました【3-27】。

そもそも電車内や駅構内の交通広告は、世の中の広告がスマートフォンへと流れていくという傾向と逆にデジタルサイネージ化で広告主をつなぎ止めていますが、その結果、気がつくと紙のポスター掲示板は空きだらけに、バックライト式の照明看板は真っ白になってしまったというわけです。

埋め込み型の照明看板を消灯しないのはやはり明かりの問題でしょう。地下施設の照明の

【3-26】《夜の街に三連星》Three stars in a night town

【3-27】《モダニズムの明るい柱》 Modernistic pillars of lights

【3-29】《光で縁取られた無》
Light that frames nothing

【3-28】《ブライト・ライツ・ビッグ・無言板》
Bright light, big SNB

配置を設計するときに、照明看板の照度も含めて全体の明るさを計算しているので無闇に消せないわけです。

駅ばかりではありません。羽田空港の搭乗ゲートに向かう長い通路に並ぶ大きな広告看板も空っぽのまま光っていました【3-28】。以前は国内外の観光客向けの華やかな広告が並んでいた場所なのに、淡く白い光を放つ巨大な平面がまるでミニマルアートの作品のようにストイックな空間を生み出していました。

再び地下鉄に戻ります。横浜市営地下鉄の駅の構内で見かけたデザイン照明のある無言板です【3-29】。一九七二年に開業した横浜市営地下鉄のベンチや水飲み場など駅構内の設備をインダストリアルデザイナーの柳宗理が手がけたことを知る人は少ないかもしれませんが、半世紀を過ぎた今も多くの什器が現役で使われています。柳宗理といえば代表作のバタフライスツールが美術の教科書に載っていたり、丸みを帯びたカトラリー（食器）のシリーズは今も人気のロングセラー商品だったり、二十世紀の日本のモダンデザインを代表するデザイナーとして有名です。

この広告看板の装飾もいかにも柳宗理らしく、温かみのある曲線を活かしたフォルムは工芸の意匠と工業デザインをつなぐモダニズムに貫かれています。しかし、肝心の広告があるべきところは空っぽで明かりが消されてしまっているのです。

これも空間の照度を保つためか周りを囲む装飾照明だけが明るく光っていますが、今後も保存していくためには新しい時代にあった活用方法をリデザインする必要性を感じます。

4 ファウンドオブジェ——見立ての力

わびさび看板——錆びてこそ寂びの美あり

金属製の看板は材質的には強固なのですが、雨水にはめっぽう弱いものです。雨ざらしになったあげく錆びて字が読めなくなったのにそのまま放置されている看板の中にはどこか「わびさび」に通じる美意識に貫かれたものがあります。

そもそも「わびさび」とは侘《わ》びと寂《さ》びのこと。侘しさを貧乏くさいものではなく質素で渋い趣きとして、寂しさを孤独や悲しみではなく孤高や静けさとしてとらえる——日本的なポジティブ思考なのだといえるでしょう。

〈さび看板〉の趣きにはシチュエーションが大きく関係します。道が途切れた行き止まりは関西の言葉で「どんつき」と呼ばれ、まち歩き愛好家にも人気のユニークなスポットですが、その真正面の壁のど真ん中に一面褐色に変色した鉄製の看板がありました【4-01】。

状況から察するに、間違えて車が入って来ないように遠目にもわかるくらい大きく「行き止まり」の文字と進入禁止のマークが書かれていたのではと想像します。

行き止まりの向こうはお寺の墓地で、ブロック塀の上から何本もの卒塔婆が頭を覗かせて

【4-01】《錆びちまったらお終いよ》
In the end, rusted

【4-02】《サビててエグい》
Rusty and harsh

います。寂しさが充満したどんつきですが、ここはポジティブに。寂しさではなく静けさとして受け止めて心を落ち着かせます。

写真【4・02】は、集合住宅の駐車場に立てられた駐車禁止の看板です。かなり錆びて下の方に書かれた「NO PARKING」の英語はもう読めません。赤丸に斜線の標識が見えるうちはまだこのまま使われそうです。錆びてなお凜として美しい、現役の看板です。

しかし、立て看板の一本足の根元にご注目ください。小さな犬のマナー看板のプレートがこの看板の足を文字通り引っ張っています。散歩途中のワンちゃんたちにはどうやらこの一本足は人気のスポットなのかもしれません。「犬の糞は」に続く赤い文字が消えて〈穴埋め看板〉化も果たしています。

タイトルに使った英語のharsh（ハーシュ）は度を越して不快なという意味ですが、スラン

【4-03】《錆よ止まれ》
Stop the rust

【4-04】《最後は金がものを言う》
Money speaks in the end

グでは逆に最高にかっこいい褒め言葉だったりします。日本語でいうとたとえば「えげつない」を転じた「エグい」がいつの頃からか若者の間では「ヤバい」を上回る最上級の褒め言葉になっているのと似ています。

踏切の横で年季の入った一時停止標識【4-03】を見つけました。黒い看板なのかと思いきや、かなりの年代物のようです。絶妙な風合いのテクスチャーにしばし見入ってしまいました。もはや骨董の域に達しています。

この看板のおもしろいところは、錆びているのに読める、というか、錆びたおかげで読めてしまうことでしょうか。昔は白かったであろう地色が完全に錆びきったことで、当初は赤文字だったけれど褪色して一度は消えてしまった「一時停止」が最終的に白抜き文字のように浮かび上がってきたに違いありません。逆にもともと黒かった文字は褪色していないにもかかわらず闇の中に消え入りそうです。

ごみ収集所ではひどく錆びて劣化した看板【4・04】を見つけました。でも、実はそんなに古いものではないのかもしれません。というのもごみ収集日の変更で後から貼られたシールが意外にきれいな状態で残っているのです。

金曜日を表す「金」の文字のシールが「かね」に読めたら笑いがこみ上げてきました。タイトルは《最後は金がものを言う》に決定です。なんとも世知辛い世の中のような気がしますが、それより金曜日の収集は可燃ごみなのか不燃ごみなのかそれとも資源ごみなのか、どうしたらいいのか、それが問題です。

梱包看板——ブルーシートに包まれて

公園の前に新しい看板ができました。役所からのお知らせや地域の催し物のポスターが貼られる公共掲示板のようですが、正式な運用が始まる前なのかここしばらくの間ブルーシートで覆われています【4・05】。

工事現場でよく見かけるシートよりも少し薄手の素材のせいか、寄ったしわが風になびいてサワサワと水面のように揺れ動いています。じっと眺めていると青い波紋の変化から風の強弱や向きが変わる瞬間が見えてきます。この動く波の絵を、目に見えない空気の流れを可視化する装置としてとらえれば一種の環境芸術のようなおもしろさがあります。

現代美術家のクリストは梱包芸術の先駆者にして巨匠でした。彼は妻のジャンヌ＝クロードと共同で、世界各地の建造物を巨大な布で梱包するという大掛かりなアートプロジェクトを展開しました。

昔の芸術家は美しい風景を美しい絵に描きましたが、クリストは現実の風景に人工物（ちなみに素材は環境に配慮したもの）をあえて介入させることで日常風景そのものを大胆に描き換えてみせたといえるでしょう。

ちなみに日本でも一九六〇年代に鞄や家具や扇風機などの日用品を茶色の包装紙と荷造り紐で梱包したアーティストがいました。赤瀬川原平です。

路上観察愛好家にとっては「超芸術トマソン」の提唱者として知られる赤瀬川原平が、当初は梱包芸術家のひとりだったとは。とくに【4・06】の空色や【4・07】の白いシートで覆われたバス停留所看板などは、赤瀬川の初期の作品に通じる無能感（これは全能感の対義語のつもり）の塊です。テープでぐるぐると巻かれた怪しい佇まいに思わず足が止まりました。空色のほうには小さな張り紙でバスルート変更の実証実験のため一か月間運用を休止しますと断り書きがありました。包まれることで一時的に機能を封印され役立たずにされたバス停。ひと月後にはまた普段通りにバスはここに停車するのでしょう。

あらゆるものは梱包され荷解かれることで死と生を繰り返す――宅配便の箱を開けるときにふとそんなことを思いました。クリストの梱包プロジェクトも、展示期間が終わり梱包を解くことで人びとは建築や風景の本来の姿と再会するというストーリーでした。

【4-05】《空色の梱包》Wrapped in the sky

【4-07】《梱包されたバス停》
Wrapped bus stop

【4-06】《バス停止原器》 Bus non-stop

スーパーの搬入口にもブルーシートで梱包された看板がありました【4-08】。看板そのものは小ぶりですが見るからに重たそうな台座のスタンドなので、これはいっさい動かすことなくここを定位置に常備され、使わないときはシートをかけられているのでしょう。そして、使うときには刀が鞘から抜かれるように厳しい警告看板が現れるのかと妙に期待してしまいます。

【4-08】《お願いは内緒》 Keep it sealed

蛇口看板――水も出ないし言葉も出ない

ハンドルが外されて水の使えない状態にされた蛇口に掛けられた札が真っ白になっているのを見つけました【4・09】。無言というよりは言葉を奪われたその姿はどこか悲痛で、水の出ないことと無関係でありながら何かそのことでコミュニケーションの回路の外に置かれているように私には見えました。すると、どこからか「水の出ないことはどうか水に流して」という情けない言い訳が聞こえてきたのです。シリアスが笑いに反転した瞬間でした。

マンションの壁面に青いホースの巻かれた蛇口と、その上に白い看板がありました【4・10】。近づいてよく見ると「洗車禁止」と書かれていた跡がうっすらと見えます。マンションの清掃や植木の水やりに使う水道で勝手に自家用車を洗う住人がいることに業を煮やした管理会社がこの看板をつけたのでしょう。

それにしてもみごとに真っ白になったものです。まさかこのホースの水で洗い流されてしまったわけではなく、長年風雨や直射日光にさらされたからでしょう。文字を失った看板は当初の目的である警告の役から解かれ、ただ無地の板として残存しています。

それがこうしてなんらかの物の傍にあると、まるで美術館の作品に添えられたタイトル・プレートのようで、白い壁に掛けられた青いホースがなんだかオブジェ作品のように見えてきます。とりあえず「無題、作者不詳」といったところでしょうか。

身のまわりの日用品をこうして作品に見立てることは、詩的でユーモラスな遊びです。アートの世界では二十世紀初頭のシュルレアリストやダダイストが生活用品の中から発見したものを「ファウンド・オブジェ（見出された物体）」と称して作品の素材にしました。さらに、男性用小便器に《泉》というタイトルをつけて作品としたマルセル・デュシャン、彼こそがこの遊びの達人でした。デュシャンはファウンド・オブジェにほとんどあるいはまったく手を加えずに提示した芸術作品を「レディメイド」（既製品）と呼ぶことで、美術を手で作り出すものから頭の中で組み立てるゲームに変えたのです。これは二十世紀後半のコンセプチュアル・アート（概念の芸術）の原型となったわけですが、デュシャンが現代美術の父と呼ばれるのもそれが理由です。

ちなみにデュシャンの《泉》の原題 Fontaine は日本語でいうところの「泉」――つまりは自然に水の湧き出す水源――を指すものではなく、人工的な「噴水」を意味する言葉なので意訳というか厳密には誤訳です。詩的できれいすぎるのです。本来のタイトルが人々に連想させるのは、横倒しに置かれた小便器から噴き出すはずのない水がぴゅーっと吹き出すナンセンス＝あり得ないイメージのはずですから。

水の出ない蛇口から水さえ湧き出せばきっと魔法は解け、失われた言葉も取り戻すことができるに違いない――写真【4‐11】の蛇口を前にして思い浮かべたのは『奇跡の人』の有名な水のシーンです。ヘレン・ケラーにこの世界が言葉で満ちていることを知らせるために、今私たちは、こうして想像の水栓をひねることで想像の水を湧き出させるのです。

【4-09】《水の出ないことはどうか水に流して》Wash it away without a tap

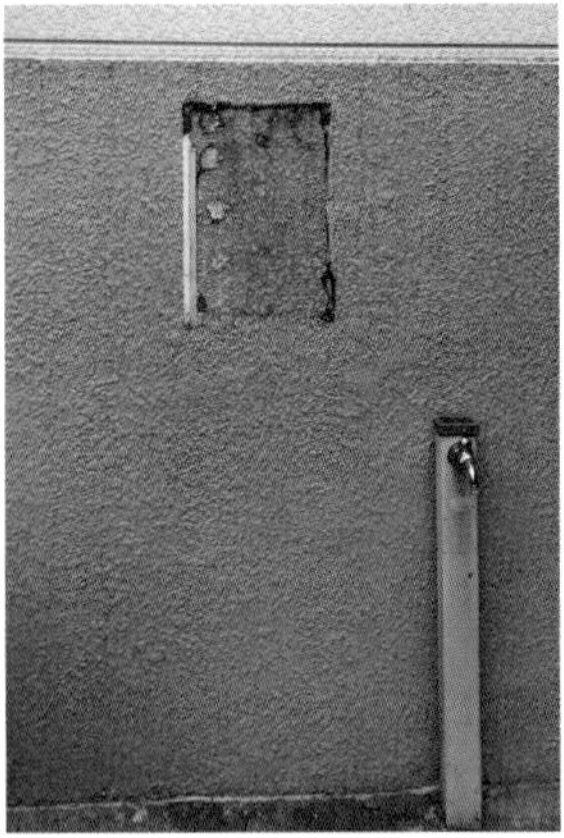

【4-11】《ヘレン・ケラーと奇跡の井戸》
Helen Keller and the miracle well

【4-10】《洗いすぎ》
Washed too much

モノボケ無言板——見立ての芸術は詩でありと笑いでもあり

ものを何かになぞらえることでイメージが広がるおもしろさ——その遊び心は伝統文化から現代芸術まで深い部分でつながっています。

たとえば、禅寺の石庭は水がないのに箒目で流れを表現する様式から「枯山水」と呼ばれますが、マルセル・デュシャンの《泉》も実はこれとよく似ています。なにしろ水のないところに想像の水を湧き出させるのですから、同じ見立ての芸術です。

そして、この見立ての芸術は詩であると同時に実は笑いとも紙一重なのです。私の持論では、男性用小便器をオブジェとして展示するのはダダイスム的なナンセンスで、これに《泉》というタイトルを付けたのは詩人のセンスであり、これをさらにギャグに寄せればお笑い芸人のするモノボケになります。

ここからはそんな見立てで〈モノボケ無言板〉を見ていきましょう。

その一【4・12】。大きな公園の中の真っ直ぐな道の真ん中に真っ白な立て看板が置かれていました。何かが書かれていたはずなのに文字は消えてまったく読めません。それでもこの位置に置かれているのにはどんな意味があるのでしょうか。

よく見るとこの看板はちょうど敷石の線の上に置かれています。そして、この線まで歩いていき看板の隣に並んだときふと思ったのです――目の前に直線コースが広がるこの感じ、運動会のスタートラインに立った感じに似ていると。

すると四本足の背の低い看板がまるで両手を地面について屈んだ短距離ランナーのように見えてきました。

位置について、用意!……ピストルの音を心の中で待ちます。

その二【4・13】。別の公園の入り口付近でやはり四本足の無言板に出合いました。茶色でがっしりとした体格。じっと佇んでいる気配が大型犬を思わせます。文字が消えて無言となった今ではまるで通行人を睨んで威嚇する番犬のようです。そうっと通り抜けます。

その三【4・14】。シャッターの閉まった店先に金属の看板がぽつんと置かれていました。よく見ると首のところから鎖が延びて柱につながれています。首を少し傾けてじっとしている様子はオーディオ・メーカーの白い犬のように穏やかです。

イタリア未来派のジャコモ・バッラの代表作《鎖につながれた犬のダイナミズム》は、歩行中のダックスフントの足がギャグマンガの走る足のようにシャカシャカと写っている写真作品ですが、こちらの《鎖につながれた犬》はじっと静かにお店の開くのを待っています。

いや、お店が開いたらシャカシャカとはしゃぎ出すんじゃないかとちょっと心配です。

その四【4-15】。看板のはがれた痕跡による〈糊跡無言板〉ですが、対角線上に貼られた黒の両面テープが何やら時計の針のように見えます。

時刻は八時十分。中学生が遅刻遅刻～とパンを口にくわえて飛び出していく時間ですね。五分後、誰かにぶつかって新しい恋が始まることを朝ドラを見ている親は知りません。

その五【4-16】。紐でつながれた背の高い看板。遠くから見た瞬間に視線が合いました。目のように見えた二つの丸は「駐車禁止」のマークで、並べて貼られたステッカーが流れ落ちる涙のように長く垂れ下がっています。繋がれているのがよほど悲しいのか、この号泣の表情がしばらく心に焼き付いてしまいました。

その六【4-17】。一瞬トリックアートか何かなのではと思いましたが、よく見ると本当に三次元でした。ビルの角の部分に直角に貼られた二枚の看板がきれいに無言化した結果、宙空に白い立方体が浮かんでいるのです。

ビルの谷間に現れた大きな角砂糖が、次の瞬間このエスプレッソ色の街並にぽちゃんと落ちて静かに波紋を広げる光景が頭に浮かびました――とちょっと詩的な余韻も残しつつ、そろそろお後がよろしいようで。

【4-12】《位置について》 On your mark

【4-14】《鎖につながれた犬》
Chained dog

【4-13】《番犬》
Watch dog

【4-15】《8時10分》8:10

【4-17】《浮遊する巨大角砂糖》
A giant hovering sugar cube

【4-16】《号泣顔》
Leashed and weeping

どこでもないドア――扉の向こうは異次元？

開いた扉の向こうにいつも良いことがあればいいのですが、トイレの個室だと思って開いたら掃除用具入れだったという失敗、たまにありますよね。

ドア・プレートが付いていない扉、そしてプレートから文字が消えてしまった扉。本当に困ったものです。

でも、視点をちょっと変えて見てみれば、それが何のドアかを教えてくれない無言の扉とはアートの入り口なのかもしれません。役に立つものは道具で、役に立たないものこそがアートである――無言板とはそんな「無用の美」によって自立した存在なのです。

ここからは想像力をかき立ててくれる無言の扉を、ドラえもんのひみつ道具「どこでもドア」をもじって「どこでもないドア」と名付けて観察していきます。

最初のドアは、住宅地の空き地に並んでいたコンテナ型のトランクハウスの扉です【4-18】。タイトルは《入ってます》。モノボケ気分がまだ抜けていませんね。

笑いとは別の視点で細部を観察してみます。ドアの張り紙がはがれた跡が日焼けする前の鮮やかな塗装色を無言で主張しているようです。

青空を背景に正面から見ると何となく「どこでもドア」感がありますが、現代の空き地はあの土管が並んでいたドラえもんの空き地とは隔世の感があります。この扉の鍵を開けて中に入るとジャイアンたちのいる土管の空き地につながっていたらいいのになぁと夢想します。

二枚目のドアは、大胆なアールを描いた庇《ひさし》の下にひっそりと隠れた一枚のドアです【4-19】。何か書かれていたはずのプレートはすっかり褪色してしまい、何の部屋なのかはもはや想像すらつきません。縦長のドア窓を覗こうにも中が真っ暗なのか、内側から目張りしてあるのか真っ黒で何も見えません。

偶然にも水平の白の長方形と垂直の黒の長方形が対置された構図が適度なバランスを生み、まるでロシア構成主義のグラフィックデザインのようではありませんか。この緊張感がたまりません。

次のドアは何ともいえない独特な気配に思わず足が止まりました【4-20】。トマソンでいう「空中ドア」には高さが足りませんが、何とも微妙な位置に付いたドア。よく見ると下半分、ちょうど子どもの背丈くらいまでの位置にたくさんの手形がついているのはどうして？

まさかこれは昔悪いことをした子どもが反省するまで中に入れられたという伝説のお仕置き部屋か、と思いきや、ゴミのネットやケースがある様子からマンションのゴミ置き部屋だということがわかります。お仕置きとゴミ置きとでは大違いでした。

絵画的な傑作もご紹介しましょう。【4-21】は、もともとあった看板を外したら、前に塗り直したペンキが染みのように垂れた地板が露出して、アノニマスな絵画が出現したということのようです。重力による絵具の滴りを生々しく写しとった抽象絵画のようでもあり、侘びや寂びの境地すら感じられます。シンプルな板戸なのになかなかの風格です。

【4-18】《入ってます》 Something inside

【4-20】《お仕置き部屋》
Punishment room

【4-19】《構成主義者のドア》
The constructivist's door

【4-22】《どこでもないドア》
A door to nowhere

【4-21】《夢幻の扉》
A door to another world

最後はドアではないのですが、この立ち方はまさに「どこでもドア」っぽい【4・22】。遠目には一瞬、電話ボックスにも見えたのですがこれは箱型ではなく平たいガラス板。どうやら催し物のポスターを掲示するフレームのようですが、なにもない時期だったのかこの一帯のあちこちに同じ無言の掲示板が立っているシュールな光景に出くわしました。高層ビルと同じ金属とガラスでできたフレームの隙間から見える景色はやはり相変わらずの高層ビル街です。どこにつながっているわけでもない《どこでもないドア》とは、ただ「いま・ここ」を確かめるための装置だったのかもしれません。

脱落看板――傾いても筋を通し、落下しても落ちぶれない

ベンチの真ん中になにか看板が取り付けられているのを見つけました【4・23】。見たところずいぶん年季が入っています。インクが消えて真っ白になっているため、何が書かれていたかはもはや読むことはできません。

でも、それ以上に気になるのはこのやや右下がりの角度です。これは仕事が雑すぎるなと思いきや、看板の下の方をよく見るとちゃんと座板にぴったり合わせて固定してある。おそらくベンチのフレームがもう歪んでいるのか背板と座板が平行じゃなかったと。世の中なかなかうまくいかないものです。

ちなみに、背板からはみ出したこのオーバーサイズな感じから察するに、この看板はもと

もとどこか別の場所に取り付けられていたに違いありません。看板が付け替えられて必要なくなったか、壁がなくなったのかわかりませんが、何らかの事情で取り外されて今はここで第二の人生を送っているのです。

ベンチにひっそりとあるその姿から、英語で補欠選手のことを「ベンチ・ウォーマー」ということを思い出しました。試合に出られない選手を「ベンチ温め係」と遠回しにいう表現には皮肉もユーモアも自虐も愛情も込められていておもしろいと思ったのですが、どこか別の場所から脱落してここに移籍してきたこの看板も無言ながらじっと世のなりゆきを見守っているかのようにも見えてきます。

暗渠の緑道では強烈な脱落看板に出合いました【4・24】。あえて斜めにした台座のデザインにそもそもの無理があったのか、それとも単に接着剤が弱かったのか、経年変化でプレートが脱落し無言板と化した金属製の物体です。

バリバリとはがれたあとの表情もなかなか個性的で味わい深いのですが、ここではむしろ落ちたプレートの方が気になります。外れてなお「ゴミはお持ちかえり下さい」と主張するお前こそが本当はすでにゴミなのではないか？

落下した看板が自分のことを棚に上げてまだゴミの話をしているのも、外れたあとに現れた無言板より落っこちた方がどうやら役者が一枚上なのもおかしな話です。

落ちたプレートが捨てられずにこうして置かれたまま本来の職務をまっとうし続けているのがなんとも健気ですが、これがいつまで経っても捨てられないのはきっとそこに「ゴミは

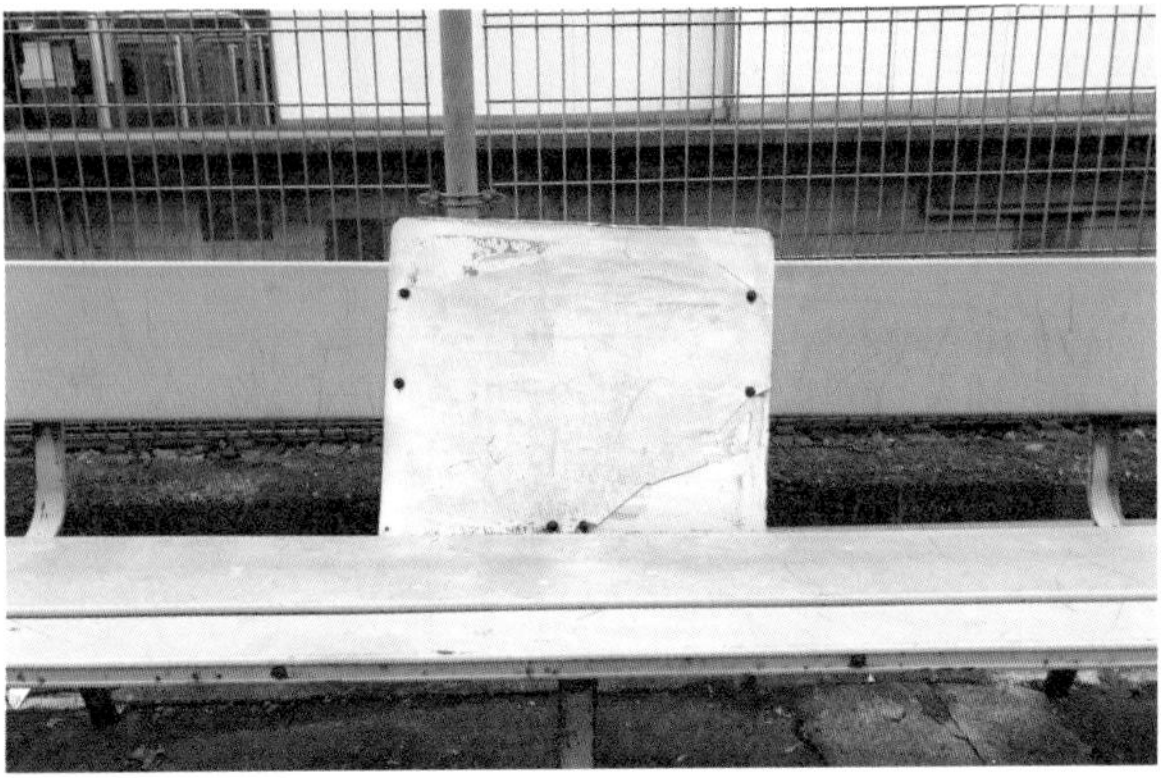

【4-23】《無言の声援》Bench warmer

【4-24】《引き際知らず》It doesn't know when to quit

【4-25】《無の甲羅干し》Say nothings sunbathing

お持ちかえり下さい」と書かれているからでしょう。「うるさい！」という怒鳴り声がどんなにうるさくても非難されないのと同じです。

　でも、そんな落下看板も実は無言の台座に今も支えられている。よくも悪くも腐れ縁という見えない関係性が物理モデルになっています。

　さて、よく晴れた日の午後、大量の無言板に遭遇しました【4-25】。清掃で取り外された何かのボードが洗浄され（多分裏返しに）干されている——あまりにも壮観な光景に目を見張りました。もしこれが本当に裏返しの状態なら、表には警告文や注意書きが書かれているはずなのですが、こうして並べられている限りは実に穏やかなものです。

　ふと亀戸天神社の池で甲羅干しをしている亀の姿が思い浮かびました。ここは無言板のサンクチュアリか。無言の群れの前をただ風が静かに過ぎていきます。

名コンビ――並んだ姿がいい感じ

たまたまなのか意図的なのか。偶然なのか、はたまた必然なのか。並んだふたつの看板が絶妙のコンビネーションでいい味を醸し出していることがあります。

なかでも二枚同じ看板の場合は塗装も設置も同時だったわけですから文字が消えるのも仲良くいっしょというわけです。正面から写真に撮ると必然的に左右対称のシンメトリーの構図になるのが〈双子無言板〉です。

大きなグレーの看板と小さなオレンジブラウンの看板が道の向こうに立っていました【4・26】。この色の組み合わせ、どこかで見たことがあると思ったらアメリカのアニメーション『トムとジェリー』にそっくり！

そのことに気がつくと、四角い二枚の看板がねこのトムとねずみのジェリーに……しかもちゃんと追いかけっこをしているように見えてきませんか？

この看板の並びはまったくの偶然でしょうが、さらに不思議なことに背景のビルの色までグレーとブラウンで見事な対比の構図を作り出しています。

いつまでも仲良くけんかしながら立っていてほしいです。

大きな公園の人通りの多い場所にある木製の双子看板です【4・27】。手製のポスター掲示板のようですが、よく見ると木材で接続されているんですね。強度を増すために水平と斜めに通した角材でしっかり手をつないだような形が特徴的です。

さらに淡いブルーグレーで塗られているせいでしょうか。スタンリー・キューブリック監督の映画『シャイニング』に出てくる双子の女の子のようではありませんか。おそろいの水色のワンピースを着て手をつないで廊下に立っているあの双子。グレイディ姉妹という役名がちゃんとあって、モダンホラー好きの間では今もカルト的な人気者です。

劣化してぼろぼろになった看板が駐車場の隅にそのまま置かれていました【4・28】。目の前にしながら思い浮かべたのは映画『俺たちに明日はない』のラストシーンです。主人公のボニーとクライドは強盗殺人犯の男女で、最後に警察の一斉掃射を浴びて壮絶な死を遂げるあの有名なシーンです。この看板のあまりの壮絶な姿に、見ているこちらが言葉を失い無言にさせられてしまいました。

道端に並べて置かれたおそろいの看板【4・29】。なぜこういう状態で置かれたままなのか、何が書かれていたのかもわかりません。住民も通行人も気に留める人はいないようです。

互いに寄り添うように傾いた姿を見ていたら「帰れない二人」というタイトルが頭に浮かびました。井上陽水が忌野清志郎と共作した一九七三年の名曲です。

文字の消えた無言板を見ていたら、肩を寄せ合う二人が帰れないのは過去であり、帰りたいのはあの日の自分たちなのではないかという気がしてきました。

あの切なくも美しい歌が路傍の古看板に重なったことは微笑ましくもあり、鼻歌を歌いながらその場を後にします。

【4-27】《シャイニングの双子》
The Shining twins poster stand

【4-26】《トムとジェリー》
Tom and Jerry

【4-28】《俺たちに明日はない》 Bonnie and Clyde

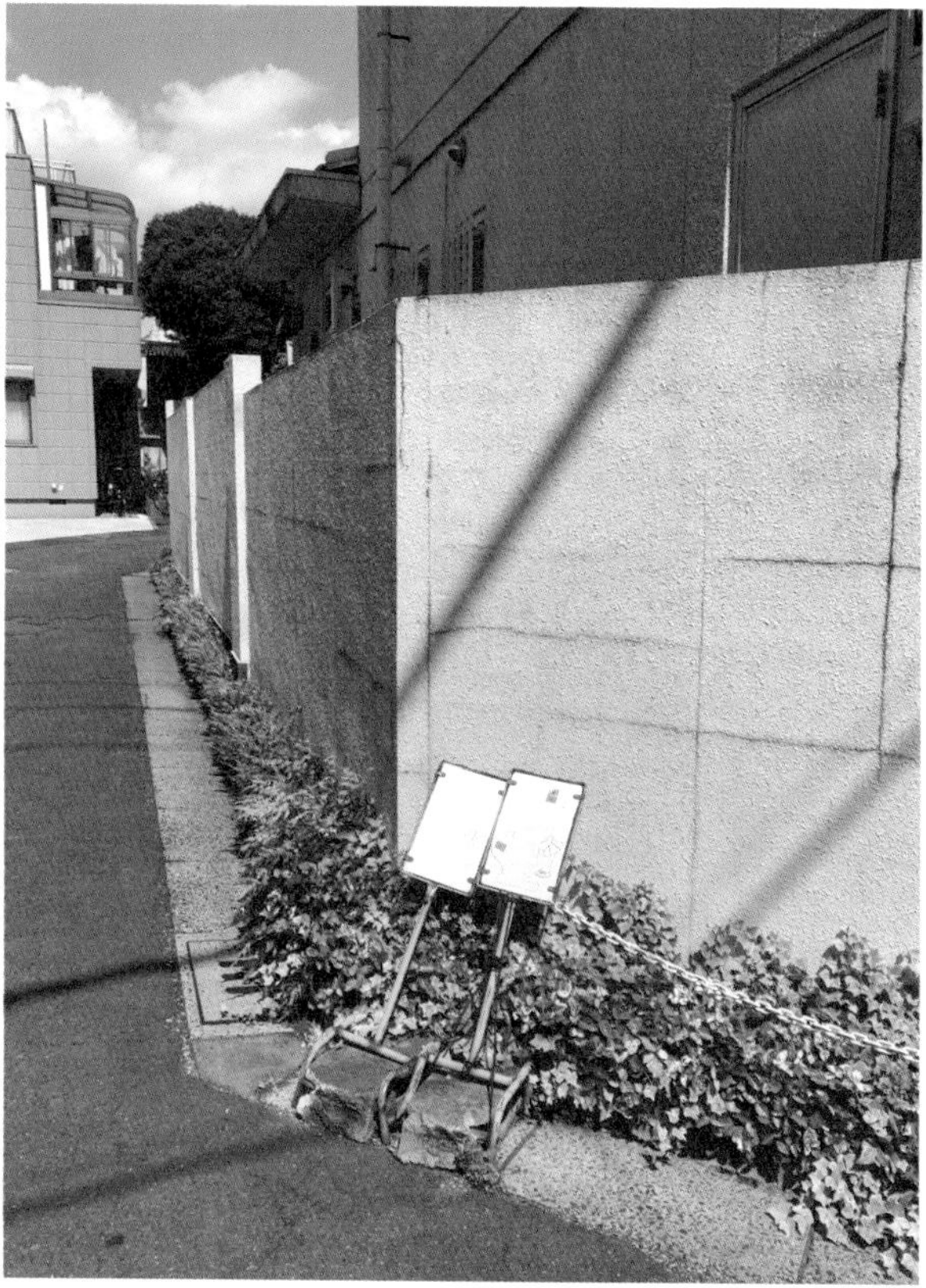

【4-29】《帰れない二人》The two who can't go home

顔パレイドリア――笑う顔には福来る

どういうわけか「顔」に見えてしまう街角の楽しい仲間たちをご紹介します。

おっとその前に。一応学術的な講釈もしておきましょう。視覚的な刺激や聴覚的な刺激を自分のよく知っているパターンで認識しようとする現象を心理学用語で「パレイドリア現象」と言います（世間ではこれを「シミュラクラ現象」と呼ぶ人も多いのですがこれは日本だけの俗称なので今日からは正しく「パレイドリア現象」と覚えてください）。

三つの点が逆三角形に並んでいるとなぜか目と口に見えてしまうのは「顔パレイドリア」。ここで観察するのはまさにその現象です。

アーティストのアトリエの入り口の横にあるテープ痕です【4・30】。ちょうど人の顔の高さにあるのでよく目が合います。もちろんただのテープの跡に過ぎないのですが、見事に顔に見えてしまうのは上部のふたつの白いテープに黒目を思わせるくぼみがあるせいでしょう。さらに鼻と口の位置にちょうどいい長さのテープが配置されていますが、やや表情がかたいですね。もしこれが福笑いだったらもっとバラバラな失敗作のほうが周りの人を笑顔にしてくれるはずです。

そんなことを考えながら歩いていくと、明るい笑顔に出会いました【4・31】。三角に破けた跡の位置が絶妙に笑った口を思わせるおかげで、目がないのに笑顔にしか見えません。

それにしてもこうなるともう元に何が書いてあったかなんてまったく関係なくなってしまうあたりも顔パレイドリアにはかないません。

もうひとつはスマイルな笑顔です【4・32】。無言板の下にある消防用水のふたつの送水口に鎖が弧を描くように垂れていてどうにも笑顔に見えてしまいます。鼻の位置に何かあるのも功を奏しています。白くなったプレートには赤で消火用水と書かれていたに違いありませんが、日当たりの良い場所なので紫外線ですっかり消えてしまったのでしょう。防火管理者の方、これは張り替えをお願いします。

電気コンセントや車のヘッドライトなど工業製品に顔パレイドリアが多く見られるのはやはり人が作り出した形だからでしょう。生物に模した形にすることで機能的になったり、ユーザーが愛着を抱きやすくなったりという利点もあるでしょうが、【4・33】のようにゴミ箱までもがなぜ笑顔でなくてはならないのかについてはさらなる研究や議論が必要かもしれません。横長の一つ目は昔のアニメのロボットのようだなと近寄ってみたら、左右の端にあるネジ頭のつぶらな瞳と目が合って、意外にも可愛いらしい顔に吹き出しそうになりました。

写真【4・34】はわずかな時間の偶然が生み出した顔です。壁の真っ白い無言板に隣家の屋根の影が差し込んで、柳原良平が描いたサントリートリスウイスキーの宣伝キャラクター「アンクルトリス」のような三角の鼻を大きく描いてくれました。看板のフレームで切り取ると昔のアップルコンピュータ（Ｍａｃ ＯＳ ８から9の時代）の起動画面にあった四角い顔のマークのようにも見えます。

【4-31】《上機嫌》
Laughing face

【4-30】《ポーカーフェイス》
Porker face

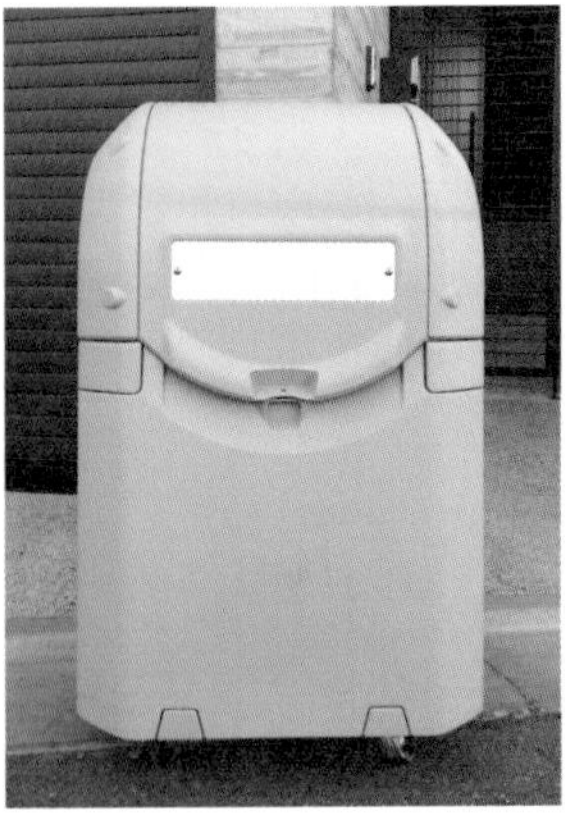

【4-33】《笑うゴミ箱キャラ》
Smiling trashman

【4-32】《何も言わずにニッコリ笑顔》
Smile without a word

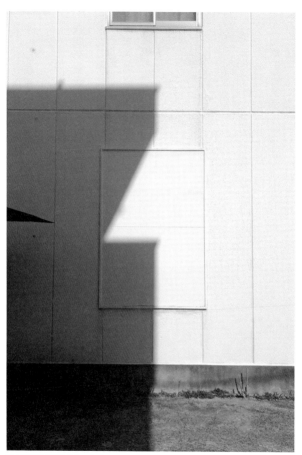

【4-34】《心理テスト》Psychology test

5 コンクリート・ポエム――ストリートの詩篇

穴埋め看板――街角のクイズマスターからの出題です

火の用心や町のマナーなどの注意看板は自治体や町会など比較的狭いエリアで製作されたものが多く、独特な標語やイラストの宝庫として看板愛好家にも人気のジャンルですが、なかでも私が気になるのは大切な赤文字が消えてしまい部分的にしか読めない謎の看板です。

赤の塗料は紫外線に弱く褪色が早いことから、元は赤で強調されていたはずの大切な言葉が逆に消えてしまったことはなんとも皮肉なことですが、そんな姿になっても放置されているのには特に理由はないにせよ、何か存在理由があると考えましょう。そう、これはクイズやテストの穴埋め問題のように見る側の読解力やマナーの知識を試しているのではないか？ そんな《穴埋め看板》のなかからの出題です。

まずは第1問。写真【5-01】を見てください。

「犬の散歩は、（ ① ）をつけて／放さずに！／（ ② ）は、必ず（ ③ ）ましょう」

犬の飼い主さんへの常識問題ですね。答えは簡単です。①は「引き綱」。最近ではリードと呼ばれているものですが、役所や町会が設置するこの手の看板ではあえて古風な名詞で書かれています。②は「フン」。③は「持ち帰り」。ここだけ赤くしたおかげで黒の「ましょう」が残り結果的にいい穴埋め問題になりました。

第2問も犬の散歩マナーについての出題です。写真【5-02】を見てください。

ここでもやはり「引き綱」と古風な言葉で書かれています。しかし、問題は次の文章です。

空白のスペースから三文字と五文字だと想像はつくのですがこれが意外に難しい。「外出前」に「戸締り確認」は忘れずに、ってそれは防犯看板でしょ。「鬼退治」に「きびだんご」？　大喜利じゃありませんよ。

「（①）に（②）は忘れずに」

これ、行末に句読点がないので難易度が上がっていますが、実は第一センテンスは三行目までで、「散歩には引き綱つけて（①）に」と「（②）は忘れずに」の二文からなっているというのがヒントです。ここからは読者のみなさん自身で考えてください［正解はこの項の最後に］。

第3問です。写真【5-03】を見てください。よくある標語の三連発看板ですが、残った文字より消えた文字数の方が多いという難問です。

「（①）の（②）やめましょう／（③）の（④）火の用心／（⑤）の（⑥）かい主が」

【5-01】第1問《飼い主検定・初級》 Fill in the blanks

【5-02】第2問《飼い主検定・中級》 Fill in the blanks Part 2

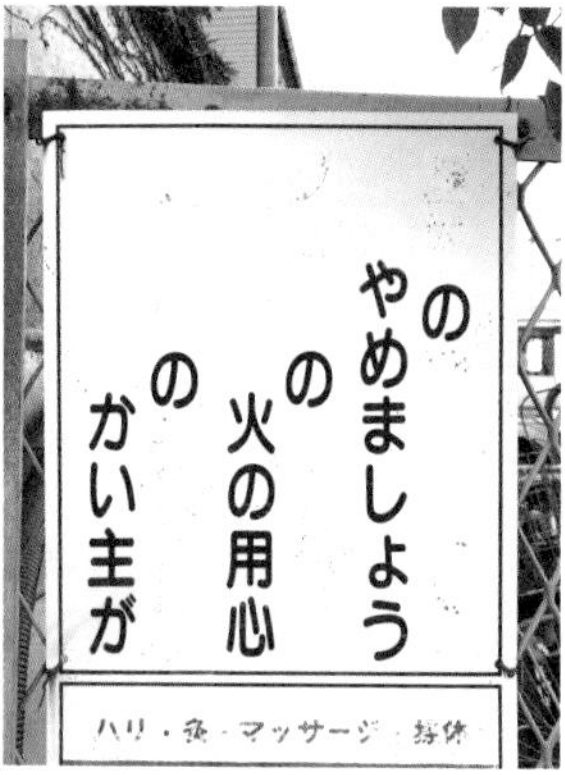

【5-03】第3問《街角マナークイズ》
The Code of the Street

【5-04】第4問《立ちはだかる難問》
Poser standing still

【5-05】第5問《穴埋め問題作成中》
Exam preparer

ヒントはゴミ、防火、犬。空白のスペースと文字数は一致していません。

第4問はさらに超難問です。写真【5-04】を見てください。

「（①）場につき（②）」

もう四文字しか残っていないんですから、穴埋めどころかもはやクローン技術のような再生が必要です。

そのためには看板本体からではなく生息環境から推理していくことにしましょう。まず、これはマンションの駐車場の駐車スペース以外の場所に置かれていました。①は四文字。あまり聞かない言葉かもしれませんが車の動きに関わること。②には丸い交通標識と漢字四文字が大書された跡が残っていました。狭い駐車場を使っているドライバーならわかるかもしれません。

最後に番外として問題作成中の様子を一枚紹介します【5・05】。赤い文字がまだ完全に消えていないのですが、看板の状態を観察するとネジの錆具合に年季が入っています。出題にずいぶん時間がかかっているようです。

さらに注意深く観察すると筆で書いた文字といい語尾の文体といいかなり時代を感じさせてくれます。「〜せぬこと」という言い回しはすでに古語の部類に入りそうです。

ゴミ出し用のポリ袋が炭カル入りの半透明袋になってすでに久しい今、それ以前の「ゴミ容器」が水色のポリバケツだったことも遠い昔となりました。街角にひっそりと残されたローカルなマナー看板はその時代、その土地に暮らす人びとが生活の中で抱えていた問題を読み解くための文化史料になりつつあると言えそうです。

［答え］第2問：①放さず　②フンの始末　第3問：①空缶　②投げ捨て　③タバコ　④吸い殻　⑤ワンちゃんの　⑥落とし物は　第4問：①折り返し　②駐車禁止

上の句看板——消えた赤文字と残された黒文字

赤い塗料が紫外線に弱いことは看板屋さんやＤＩＹ愛好家には周知の事実のはずなのに、それでも、それなのに、一体どうしたことなのでしょうか、街中の看板の赤い文字が消えてしまう事案が後を絶たないのです。

大切なことだからこそ赤で大きく書いたはずなのに、無残にも言葉が途切れてしまった看板を、和歌になぞらえて〈上の句看板〉と名付けてみます。下の句は隠された状態ですが、たいてい決まり文句なので上の句だけでも想像がつくところも百人一首に似ています。

いろいろなお店や雑居ビルの立ち並ぶ道路に置かれていた上の句看板です【5・06】。「車庫につき」の後が一行分消えていますが、続く言葉が「駐車禁止」だということは想像がつきます。ドライバーに向けた注意喚起としての黄色に加え、路側帯ギリギリいっぱいにせり出すように置かれている様子だけですべては伝わります。

自家製ではない看板も同様に上の句だけになっていました【5・07】。「駐車場出入口につき」の後はなんなんですか？と聞き返すのは野暮というものでしょう。「その男、凶暴につき」の後に続く言葉が要らないように、これはこれで独特な含みがあります。

防犯ステッカーに歌舞伎の隈取りのイラストという組み合わせ、いつの頃からか東京ではポピュラーになりました【5・08】。絵だとわかっていても目が合うと必ずドキッとします。

【5-06】《車庫の番人》Garage keeper

【5-08】《誰かは不明》 Someone's eyes

【5-07】《途中で消失》 Half finished

【5-10】《管理人の願い》 Owner's wishes

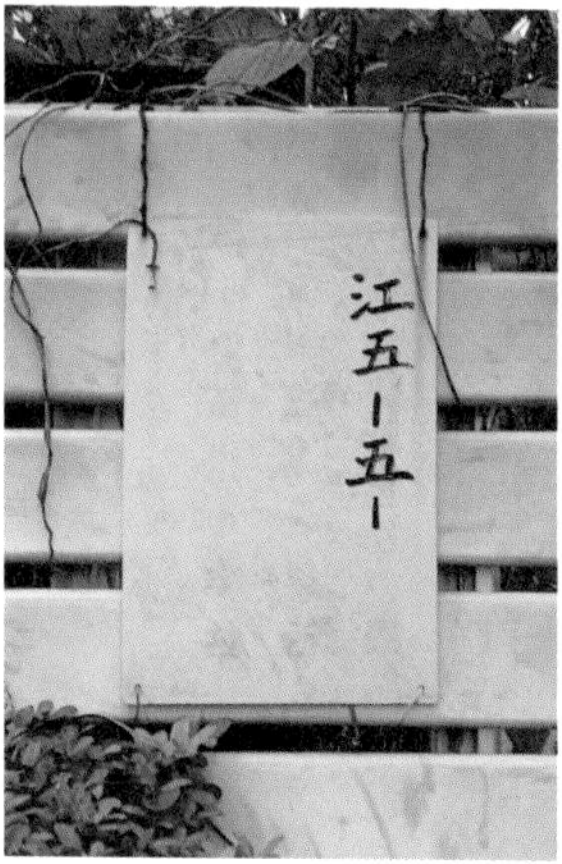

【5-09】《未完成》 Unfinished

でも、ここで問題にしたいのはその後のコピーの方です。

「誰か・」で詰まってその先が続かない。

「見てるぞ」とすごんでいるはずの看板も、なんだか助けを呼んでるみたいで頼りない。

誰か・なんとかしてあげてください。

写真【5-09】は、筆文字で民家に設置されていることから自家製看板に違いないのですが、いったい何が起きたのかがわかりません。住所のようにも見えますが、なぜハイフンから先が消えているのかがわかりませんし、この後に何かが赤い文字で書かれていたのだとしてもさっぱり見当がつきません。

先が読めない、とはまさにこのことです。

ところ変わって【5-10】は、アパートの前の張り紙です。「入居者様以外の」の後がかなり広いスペースで完全に消えていますが、ここには何が書かれていたのでしょう。

入居者様以外の「ゴミ出し厳禁」かもしれないし、「自転車は置かないでください」だったのかもしれませんが、最後は大喜利っぽく整えてみましょう。

入居者様以外の「告白はお断りします　一刻館管理人」。

アパートといえば管理人さん、ということで懐かしのマンガ『めぞん一刻』の響子さんをイメージしてみました。五代君、一刻館入居者の君には告白する権利がある。あと必要なのは勇気ですぞ。

枯れ文字──劣化した難読文字も山の賑わい

文字が消えていく途中の状態で、かろうじて読めるという看板を見かけることがあります。読めそうで読めない、いや、読めなさそうだけどなんとか読めるからそのままになっているのかもしれませんが、完全に文字の消えた純白の無言板の潔さとは異なる謎のテイストが、わびさびにも通じる独特の風情を醸し出しています。

言葉の文字が枯れ葉のように落ちていく様子から〈枯れ文字〉看板と名付けます。

たとえば、【5-11】の看板。一見すると文字のほとんどがかすれて読めませんが、近寄って目を凝らしてみるとうっすらと読めますよね？

正解は「この駐車場の中で遊ばないで下さい」。

でも、漢字で書いてしまったら最初から小さな子には読めないんですけどね。

というわけで、子どもたちへの注意看板はやはり平仮名が原則で、漢字には振り仮名が必要です。

その点、行政の仕事はしっかりとしています。【5-12】は市役所が設置した看板だけあってやさしい文体ですべての漢字に読み仮名を振ったところまでは良かったのですが、非耐候性の塗料で書かれた本文がすべて消えてしまい、まさに小学生向けの漢字の書き取りテストのようになってしまいました。「餌付け」とかなかなかの難問も混ざっています。

【5-11】《言の葉が散る》 Falling leaves

【5-12】
《漢字書き取りテスト》
Kanji dictation test

【5-13】《落葉樹》Deciduous tree

【5-14】《かぼそい声》Hoarse voice

写真【5 - 13】は駅前に掛けられていた看板です。大きく書かれた「ご注意」までは読めるのですが、その先が読めません。

ところが近寄ってみると意外にも褪色した部分も塗料の跡が残っているので自然に読めてしまうのです。手書きのレタリング文字の筆運びが塗料の盛り上がりとして生々しく残されているのです。

重ね塗りをしたからなのでしょうか。そこのところはわかりませんが、看板が劣化して文字が枯れていくこと以前に、実はこうした昔ながらの看板屋さんの書き文字そのものが今後世の中から消えていく運命にあるわけです。

写真【5 - 14】はアパートの入り口の門扉に貼られていた横長のプレートです。もはやほとんどの字が消えており、かろうじてわかるのは「臓」「悪」「さ」の三文字くらいなのですが、読むことはできますか？

撮ってきた写真を画像調整してみたら何とか読めました。

答えは「心臓の悪い人がいますので静かに閉めて下さい」。

この鉄の門扉をガシャーンと閉めていく人がいたのでしょう。かぼそい声で息も絶え絶えにお願いしているかのようでこちらの胸も詰まります。

これはプリント看板では到達しえない、手書き看板だけが辿り着く無常の境地にほかなりません。

〈枯れ文字〉看板、知るほどに奥が深まります。

過言板――落書きに埋もれて何言ってるかわからない

文字が消えて読めなくなるのでなく、落書きやステッカーで元の文字がかき消されて読めなくなってしまったものにも出合います。

たとえば、電柱に取り付けられた交通安全の注意看板が複数のタグ・ステッカーに占領されている状態です【5・15】。元の文字はほとんど読めません。無言板の定義からは外れるのですが、ステッカーが雑多なノイズのようにひしめき合って文字がかき消され許容量をオーバーしていることから〈過言板〉と名付けることにしました。実に「無言板」の好敵手の登場です。しゃべりすぎでノイジーな看板は、都会の喧騒や溢れる情報に呑み込まれて自己を見失いそうな現代人を象徴していると言っても過言ではありません。

ちなみに、街中のあちこちに自分のオリジナルのステッカーを貼っていく行為は、グラフィティ文化のなかで最初はスプレーで大書していたものが、マーカーでの走り書きによるタギング、さらに自作のシールを貼るステッカー・タギングと、厳しい取締りとのいたちごっこを通じて小型化・省力化してきた結果の進化形です。いずれも器物破損罪に該当する犯罪行為であり、こと看板に限っては設置者や利用者への迷惑行為です（真似してはいけません）。しかし、それでも私が無言板を作者不詳のアートになぞらえて鑑賞していく中で、この過言板も無視できないと思ったのは、法律や道徳以外のまなざしを向けることでむしろ

【5-16】《ちょっと何言ってるのかわからないんですけど》
I'm not sure I understand what you are saying

【5-15】《過言板》
Exaggeration board

【5-18】《タグの積乱雲》
Cumulonimbus street tags

【5-17】《多用は無用》
Too much is good for nothing

【5-19】《3年Z組ホームルーム》 High school classroom for dropout students

私たちの社会や文化について新たな問いや笑いや願いをポジティブに発することができる、そんな気がするからです。前置きはこれくらいにして、さっそく順にお見せしていくことにしましょう。大いに笑って、そして考えてみてください。

まずは、東京は渋谷区の渋谷川周辺で見つけた過言板です【5-16】。この汚さはどうかとも思いましたが、ここはむしろ風格と呼びたいものです。年季の入った看板で劣化が激しいのに加えて、タギングの格好の餌食になっています。それでも字面をたどって読んでいくと「当駐車場は職員専用です。他車…無断駐…した場合…は警察…レッカーを……します」と、書いてあることはだいたいわかるのですが、その先がどうにもさっぱり読めません。

サンドウィッチマンのコントで聞き覚えのあるあのフレーズ、「ちょっと何言ってるのかわからない」がぴったりなこの面構え。じわじわと笑いがこみ上げてきます。

落書きまみれの「過言板」は一見どれも汚いものにしか見えないかもしれませんがよく観察するとストリート文化特有の地域性が反映されていることがわかります。【5-17】は渋谷から三軒茶屋に向かう国道246号線沿いです。黄色い看板がステッカー・タギングの群れに包まれてご覧の通りカラフルなオブジェに。つぎつぎと貼っていった人がなにか共通のデザインセンスで完成させていった作品に見えます。

元は「自転車・バイク駐輪禁止」と書かれていたであろうことは想像できますが、こうして自転車がある様子を見ると、もはや警告看板としての効果はなさそうです。

いっぽう【5-18】は新宿駅近くの電柱にくくり付けられたスリム看板です。同じくステッカーの餌食になってしまいましたが、モノトーンでチープなタグが西新宿らしさを醸し出しているように思いました。

一見無秩序に貼られているようですが同じ種類のアトランダムな連貼りが表現としてなかなか効いていて、不特定多数のコラボレーションがもくもくと雲のように湧き上がる躍動感に包まれています。

遠目に文字はまったく読めませんが、目を凝らして字を追っていくと「赤い部分は駐停車禁止」と書かれていたらしいことがわかります。これに気づかずに駐停車していて違反切符を切られたりしたら大変です。ドライバーのみなさんは気をつけて。

写真【5‐19】は六本木通りの一本裏道で見つけました。土地柄からデザイン的に洗練されたステッカーが多い気がします。お互いに干渉しないように適度に距離を保って貼られている様子はなんだか学校の集合写真みたいで、テレビの学園ドラマに出てくる落ちこぼれクラスを連想しました。みんな札付きのワルなのに個性的で仲良しな様子が微笑ましいです。

さて、ここまで紹介してきた「過言板」とはちょっと部類の違う傑作を紹介しましょう。【5‐20／21】を見てください。

東京の都心部からだいぶ離れたＪＲ青梅線青梅駅南口ロータリーの近くで見つけた古い看板です。これもいくつものステッカーが貼られていたようなのですが、かなり昔のものなのかどれも紫外線と雨にやられて白いシルエットを残すだけになっています。

もともとはまちの緑化にあたって街路樹や花壇の植物について書かれた説明看板だったよ

【5-20】《ビート詩人のまだつけたばかりの足跡》
A New Generation Beat Poet was here

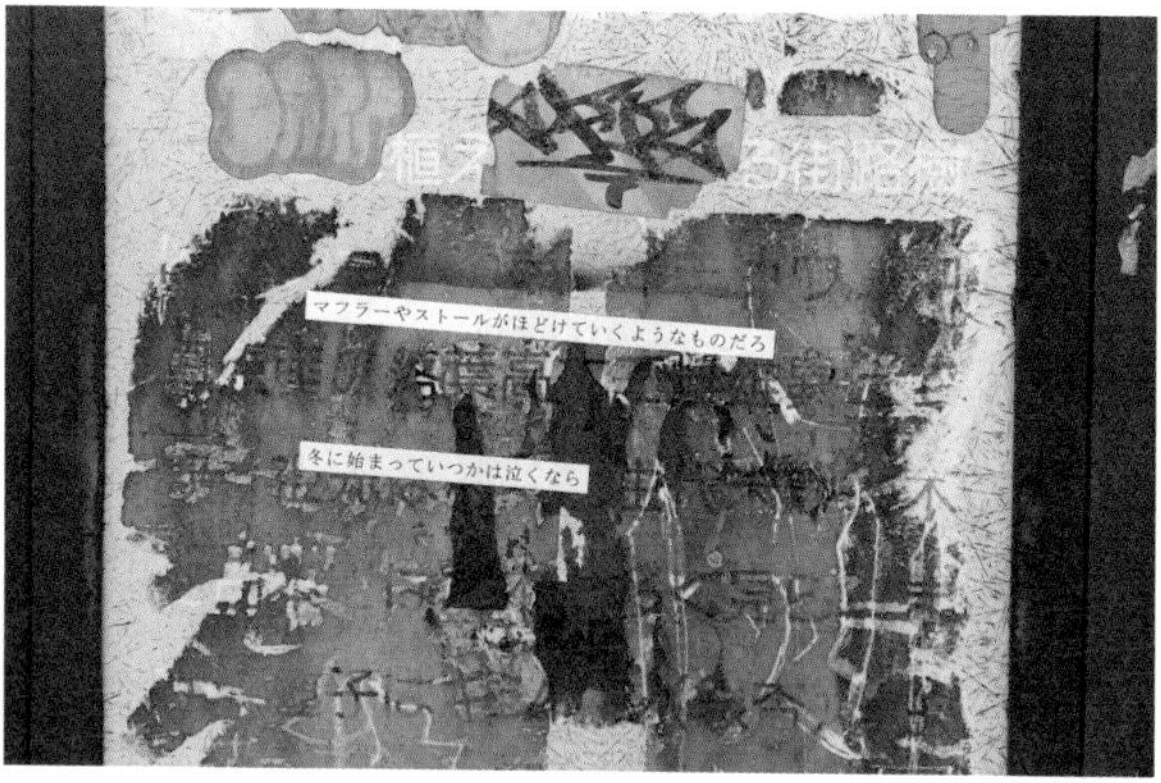
マフラーやストールがほどけていくようなものだろ
冬に始まっていつかは泣くなら

【5-21】同部分

うですが、経年劣化が激しくて内容はほとんど読めません。

ところが、近寄ってみると小さな文字がプリントされた事務用ラベルテープが二本貼られているのです。そんなに古いものではなさそうで、こう書かれています。

マフラーやストールがほどけていくようなものだろ
冬に始まっていつかは泣くなら

短いながら完全に詩です。ストリート詩人の仕業なのでしょうか。それとも何かのアートプロジェクトなのかわかりませんでしたが、路上の言葉はやがて春の訪れとともにいつか消えていっても構わないというこの存在自体が、儚くも美しい詩情にあふれていると確信しました。

サイレント花言葉――花に託された言葉を映して

まち歩きが好きな人なら公園や花壇の花に季節の移ろいを感じる機会も多いはずです。とくに春になり、まちの至るところで色とりどりの花が咲き始めると思わずカメラのレンズを向けたくなります。私の場合、気がつくと無言板と花の偶然の出合いを撮影しています。

花も無言ですが、それぞれには花言葉があります。花言葉を読み解きながら花を見ていくと、言葉を失った無言板との組み合わせは何とも対照的なツー・ショットに思えてきます。

桜の木の下に無言板を見つけました【5-22】。近寄ってみると植樹した団体名を記した看板に書かれていた「花や緑を大切に」という標語がすっかり色あせています。

でもこれは見方を変えれば、まるで満開の桜に対してもはや「言うことなし」という状態なのかもしれません。桜も無言板も互いに堂々としている姿にそれこそ何とも言えないおかしさがこみ上げてきます。

桜の花言葉は「精神美」で「優雅な女性」のシンボルです。なかでもソメイヨシノには「純潔」という清らかな花言葉があります。ピュアであることの美しさとはじつに用途から解放された無言板の美にも通じている気がします。

学校の花壇の上に書かれた「花を大切にしましょう」のメッセージが消えかけています【5-23】。咲いているのはパンジーで、花言葉は「もの思い」。「私を思って」というメッセージでもあるそうです。この花壇はいつも生徒さんたちによってきれいに手入れされているのですが、看板のことを忘れていませんかとパンジーが代弁しているのかもしれません。

写真【5・24】はまた別の花壇の様子です。植物の名前を記した看板のことを樹名札とかプランツ・タグと言いますが、それが経年劣化で判読不能に。冬の間、枯れ木の状態では気づかなかったのですが、五月になって赤いサツキが咲きました。

サツキの花言葉は「節制」。激しい渓流にも負けず険しい岩肌に生えていることからついた花言葉だそうです。手堅い生き方で、樹名札に頼ることなくワイルドに咲いています。

写真【5・25】では、真っ白になった何かのポスターが満開のツツジに取り囲まれています。よく見ると事務用の黒いとじ紐のようなもので丁寧に結ばれていて、それが付けられているのがまた白いロープであるというダブル構造で紐づけられています。

ツツジの花言葉はサツキと同じ「節制」ですが、とくに赤いツツジは「恋の喜び」を表します。言われてみれば、白い無言板を大勢のファンが取り囲んだ図のように見えてきました。

季節は夏になりました。【5・26】の路上にずいぶんとはみ出して並べられた鉢から枝を広げて咲き誇っているのはオミナエシ、いや花が黄色ではなく白いのでこれはオトコエシのようです。その後ろに半ば隠れるように無言板が立っているのですが、よく見ると左上に小さな駐車禁止のマークが残っているので、ここには駐車禁止と大書されていたはずです。

オミナエシは漢字で「女郎花」、オトコエシは「男郎花」と書きます。その花言葉もオミナエシが「美人」「儚い恋」「親切」であるのに対して、オトコエシは「野性味」「慎重」「賢

【5-22】《満開で言うことなし》
No words for full bloom

【5-23】《看板も大切に》
Take care of the signboard too

【5-24】《咲けばわかる》
You'll know when it blooms

【5-25】《二重のロープワーク》
Double ropework

【5-26】《駐車禁止の花》
No parking flowers

【5-27】《最後に残るものは土》
Back to the earth in the end

【5-28】《東京下町白梅図》
White plum blossoms
in downtown Tokyo

【5-29】《弥生桜図》
New cherry blossoms

明」を意味します。無言になった看板の代わりに、思い切り体を伸ばして駐車を阻む男郎花の頼もしい姿が見えてきました。

つづいて【5・27】です。ゴミ回収日を記した看板が真っ赤に錆びて訂正シールだけが鮮やかに残っています。107ページで紹介したものは金曜日の「金」の字が残っていたので《最後は金がものを言う》とタイトルを付けましたが、こちらは土曜日。「土」の字が青々と残されています。そして、横からダチュラの花が首を垂らしていました。花言葉は「変装」「虚飾」「偽りに満ちた魅力」。何やらたぶらかす存在のようですが、ここは看板の塗装がはげても最後に残るのは草花が根を張る「土」なのさとでも言いたげです。

早春の公園では梅の木に出合いました【5・28】。短く刈り込まれた枝振りに白い花が咲き始めた様子を背景のスチール物置の無言シール跡といっしょの画面に収めてみました。

梅の花言葉は「気品」「高潔」「忍耐」です。花が咲いたらごちゃごちゃした下町の一角もいきなり格調高い白梅図の構図になりました。

さて、季節が一巡して再び春となり、咲き始めた桜の木の下でなかなか上出来の無言板に出合うことができました【5・29】。何度も貼り直された両面テープの跡が掲示板の全面を覆い尽くし、まるで桜の花びらが舞い散る風景画のようではありませんか。

桜が美しいのはその見栄えの美しさだけでなくまさに花言葉の「精神美」が示す通り、咲いては散るという宿命にあるから。文字が消えいつか無に至る看板の美学もまたしかり。

花言葉と無言板はともに見る者の心を映した見立てとして共通するところがあるようです。

6 都市のポートレート――現代を生きる私たちの分身

ストライクゾーン看板――いくつになっても気分は野球少年

以前、ある自動車メーカーのイメージCMで街にいる大人たちが全力で野球をするという映像がありました。スーツ姿のサラリーマンや制服の作業員や配達員、主婦や女子高生もがひとつのボールをつないで投打と守備に奔走しスライディングまでしてみせるという妄想を実写にしたもので、なかでもバットを持ったOLが渾身の一打を決めるシーンは神スイングとして話題になったのをご記憶の方も多いでしょう。

子どもの頃野球に夢中になったことのある人なら、大人になった今もふと野球の感覚が蘇ることがあると思います。私の場合は、そう、街を歩いていて四角い囲みが目に入ると――しかも、その高さや距離があの感覚にぴったりと重なったとき――ストライクゾーンを思い浮かべて足を止めてしまうのです。

駅に向かう道のちょうど曲がり角にある塀の真ん中、目の高さより少し下に掲示物がはがれた跡が残っていました【6‐01】。痕跡タイプの無言板です。

遠目に見えたときから、ここに投げてみろと言わんばかりの無言のメッセージの圧を感じ

【6-01】《街角のストライクゾーン》
Street strike zone

【6-02】《内角高め》
High and inside

ました。真っ直ぐに歩いていってちょうど十八メートル半くらいのところで足を止めます。

高めのストレートか。

膝に手を置いて少し身をかがめ、帽子のつばに手を当てたり首を左右に振ってみたりしたくなりましたが、もし人に見られたら困るのでそっとシャッターを押すだけに留めました。

一度ピッチャーのスイッチが入ると行く先々でいろんな局面が立ちはだかります。駅を降りて歩いていたらまた別のストライクゾーンが視界に入り、やはり足が止まりました【6・02】。

今度は内角高めでしょうか。右にそらすとデッドボールどころか延々とボールが道を転がってしまうという難しいコースです。これは投げたくない。きびすを返して立ち去ります。

お昼時です。牛タンのお店がいっぱいだったので外で順番待ちをしようとしたら、またしてもストライクゾーンの出現です【6・03】。

【6-03】《厚切りストライクゾーン》
Samurai's strike zone

【6-04】《投球練習用》
Baseball plate on the road

　ちょっと狭いですが、見えないキャッチャーからここは直球ど真ん中で攻めろという無言のサインが伝わってきます。高めに放ると提灯に当たって大惨事になりかねません。ここは安全に低めに投げるべきか。黙ってそんなサインを心の中で交わしていると客待ちの順番が回ってきました。ピッチャー交代！　ベンチに戻る選手のように小走りに入店します。

【6-05】《標的》
Target

ちなみに牛タン屋のランチは美味しかったです。

住宅地を歩いていたら、路上にホームベースが出現しました【6-04】。これはキャッチャーになった気分でしゃがんで撮影してみました。

形は五角形ではありませんが、大きさといい、向こうにあるマウンド（あくまで仮想）からの距離といいこれはなかなかいい感じ。自宅の前だったら実際にここで子ども相手に投球練習をさせてしまいそうです。

そんな妄想を膨らませながら歩いていたら公園で興味深い光景に出くわしました。コンクリート壁に無数のボールの痕跡です【6-05】。

ポスターの剥がれた跡は高すぎて投球練習用のストライクゾーンの役割は果たしていないのですが、グラウンドのすぐ脇という立地条件ゆえでしょう。ボールを壁に当てて練習した跡でいっぱいなのです。

野球のボールだけでなくサッカーボールの大きな跡も見えます。現存する歩きタバコとポイ捨てを禁止するポスターはちょうどキーパーの頭上の高さくらいでシュート練習の格好のターゲットになっているのかもしれません。

はがれたポスターに何が書かれていたのかはわかりませんが、いずれこの壁には「ボールを当てないでください」というポスターが貼られるのではないかという嫌な予感もします。

街中でする球技は空想の中だけに留めておいた方がよさそうです。

というわけで、心の中ではいつでもプレイボール！

割れ看板——破壊によって創造するパンクなアート理論

　壊れた窓がそのままになっていると犯罪が増えるという「割れ窓理論」は防犯上有名な話ですが、壊れた看板はどうでしょう。警告看板が壊れているのは見て気持ちの良いものではありませんが、当たり障りのない内容の看板が忘れられ放置されているのは見方によってはユーモラスで、時には世の無常や儚さを表す作品のようにも見えてきます。

　ピカソは「あらゆる創造活動はまず何よりも破壊活動である」と言ったそうですが、その常識破りの発想にならってあくまでポジティブに、街角の前衛作品を鑑賞していきましょう。

　まずは【6・06】から。プラスティック板は錆びないし腐食もしないという利点がありますが、経年によって硬化すると脆くなり割れているのをよく見かけます。都会に残された畑に立てられたこの看板も誰かのいたずらではなく自然に割れてしまったようですが、まるで住宅地に侵食される農地を象徴しているかのようです。

　この一角だけ高い建物が視界に入らないので青く澄み晴れ渡った空が広がっていました。この土地は緑を供給しているだけでなく青空も確保してくれているようです。

　破壊は往々にして私たちの想像を超えています。おしゃれな店の立ち並ぶ路地を歩いている途中で思いもよらぬ光景に出くわしました【6・07】。凄まじい破壊力です。もはやなんと書いてあったのかさっぱり読めません。

【6-06】《空の侵食》Sky erosion

いったい何がどうなるとこういう壊れ方をするのでしょう。強風で何かが飛んできてぶつかった、路地に迷い込んだ大型トラックの積荷が接触した、などいろいろ想像してみましたが実際のところはわかりません。通りかかったときたまたま壊れた直後で、すぐに修繕されたものと信じたいところです。

さて、冬になり草花のなくなった花壇からはなんともパンクな看板が現れました【6・08】。板には植物の名前が書いてあったと想像されますが、まるでステージに叩きつけられ破壊されたギターのようにコンクリートの台座に突き刺さっています。小さいながらも己の存在を激しく主張するその姿は実にハードコア・パンクの印象です。

そういえば、セックス・ピストルズの仕掛け人として有名なプロデューサー、マルコム・マクラーレンにも「パンクとは破壊であり、破壊に秘められた創造の可能性だ」という名言があるそうです。

花壇の近くを歩いていくと、排水溝の蓋の隙間に何かがぴったりと収まっていました【6・09】。

立ち止まって上から見下ろすように撮影してみましたが、よく見るとさっき花壇で見つけたものとよく似たタイプの壊れた看板です。

流れる水とともに自然にここに収まったわけではなくおそらく誰かの仕業でしょう。花壇の手入れとその周りの排水溝の掃除をしていた人が、土や落ち葉が流入する隙間を塞ぐのにこの壊れた看板をあてたらぴったりだったに違いありません。まさに捨てる神あれば拾う神ありです。パンク看板の第二の人生は意外にも実直で、身を挺して世の中のほころびを繕っている様子に現実の縮図を見る思いがしました。

【6-07】《単語崩壊》Broken word

【6-08】《ハードコア無言板》Hardcore

【6-09】《穴埋め》Plugging a hole

カメレオン看板――文字とともに気配まで消す

使われなくなった看板は取り外せばいいのですが、そのまま塗料で塗り固めるように消したり、取り外した跡を塗って補修したりしたものなどさまざまな消し方があることにお気付きでしょうか。一見何もないようで、よく見ると無言で隠れている。周囲に溶け込むように擬態する生物になぞらえて〈カメレオン看板〉と名付け、その生態に迫ります。

まずは住宅地に潜んでいるところを発見しました【6・10】。外壁の塗り替えと同時にそのまま同じ塗料で塗り固められた典型的なカメレオン看板です。

遠目にはわかりませんが近寄ってみると元は平滑面だったはずの看板の部分までモルタル壁のぼこぼこしたテクスチャーで覆われ、家屋の外壁と一体化しています。外壁工事で塗料に砂を混ぜてスプレーするリシン吹き付けという仕上げによるものですが、せっかくそこまでするのならなぜ事前に看板を外さなかったのか、そして、そこには一体何が書いてあったのか……今となってはすべてが謎として封印されてしまいました。

いっぽう【6・11】はずいぶんと安直な仕上げです。何かを消すために上からスプレーを噴いただけ。もやもやとした形がそのまま見る人の心までモヤモヤさせてくれます。

せめてドアと同じグレーにすればこんなに見苦しいことにはならなかったのに、どうしてまた白のスプレーで?――じっと見ていたら、もしかしたらここにはもともと白い文字で何かが書かれていたのではないかという気がしてきました。黒ボールペンの書き損じを黒でぐりぐりと塗りつぶすように、白い文字を白のスプレーで潰したに違いありません。

上から塗料で消すときには塗り色をよく選ばないと失敗してしまうことがわかりました。その上で見てもらいたいのが【6-12】です。ブロック塀をグレーのペンキで上塗りしたのはいいのですが、どうして途中で止めちゃったのでしょう?

口笛を吹きながら軽快にローラー刷毛を運び、古びた看板の半分まで来たところで、あーしまった……看板は塗らずに避けるはずだったことに気がついたみたいです。

半分溶け込むように隠れて、半分顔を覗かせている、昔のコメディ映画のお間抜け探偵のように頼りないけど愛嬌のある姿がたまりません。

修復の仕方からはふだん目に見えない社会の仕組みが浮かび上がってくることがあります。ある日、駅のプラットホームの壁がそれまでと変わったことに気づきました【6-13】。

以前ここにあった鏡が、いつの間にか撤去されていたのです。

驚いたのは鏡が消えた後の壁です。新しいペンキで、しかもツートーンできれいに塗り直されているのですが明らかに色味が違う。新品の壁の色をしているのです。

鏡を外したら当初の壁色がきれいな状態で出現したのかとも思いましたが、近くで観察すると表面の質感から塗り直してまだ日が浅いことがわかります。

おそらく駅の壁の色はデザイナーが定めた固有色で、壁面上部のクリーム色と下部のグレーには塗料会社が調合したオリジナルの配合比の専用塗料があるのでしょう。修繕業者が

【6-10】《白壁に白いカメレオン》
White chameleon on a white wall

【6-11】《曖昧模糊》
Blurred and obscured

指定通りの専用のペンキを使って塗ったら、こういう結果になってしまったに違いありません。

きれいに補修して何も無かったことにしたかったはずなのにこれでは明らかに何かがあった気配がする――消えた鏡が時を超えてその存在の形跡を映し出しているかのような、タイムスリップ的な時間の窓が出現しました。

【6-12】
《踏んだり蹴ったり消えたり塗られたり》
Half scratched, half painted

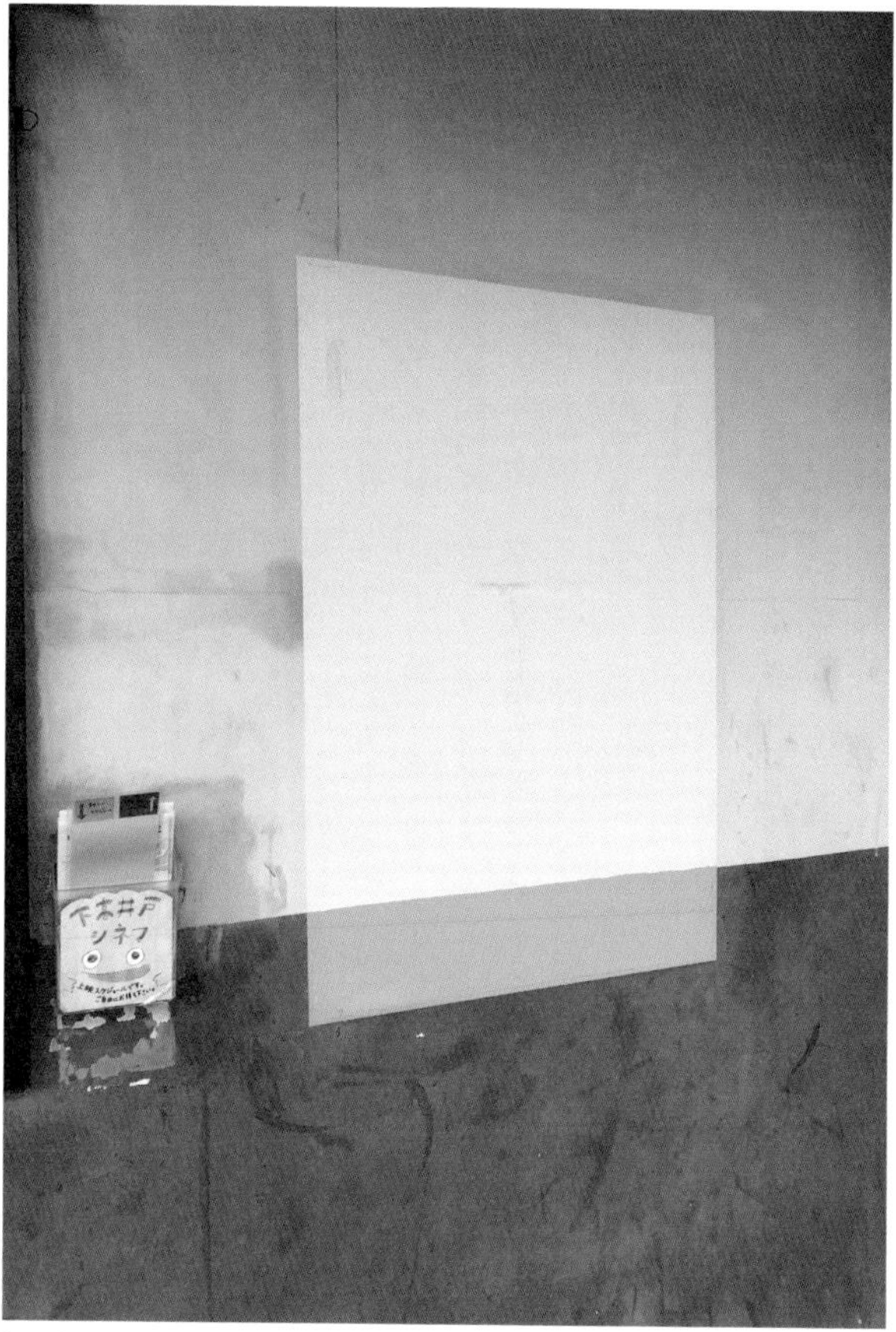

【6-13】《修復の絵画》 Restoration painting

案山子看板——都会に残された一本足のお化け

古くからよく見かける看板のスタイルに、棒の付いた板が一本足で地面に差してある立て札があります。情報の掲示方法として日本では江戸時代の掟書や御触書を記した高札《たかふだ》に由来する伝統的なスタイルといえそうですが、近代以後のスポーツ大会の入場行進の先頭やデモ行進でも掲げられるプラカードと構造的には同一といえます。差してあるか手に持つかの差ですが、とりあえず一本足を特徴とするこれらを〈案山子《かかし》型〉と総称した上で、足の長い〈高札型〉と短い〈プラカード型〉に小分類しその生態を観察してみます。

まずは、まさに時代劇に出てくるような形の看板を、東京・世田谷ボロ市通りの近くで見つけました【6・14】。見ての通り無言でしたが、冬が近づくとやはりボロ市関連のお知らせが掲示されるのでしょうか。骨董や蚤の市の好きな人にはお馴染みの世田谷のボロ市ですが、その前身は江戸時代の市町《いちまち》や安土桃山時代の六斎市《ろくさいいち》にまで遡るといわれています。小さな屋根が付けられた一本足の高札型の掲示板はレプリカとはいえ、今も江戸時代の代官屋敷が保存されているこの町内の風情を静かに演出しています。

ところ変わって東京の下町にある小さな公園の植え込みに文字の消えた立て札がありました【6・15】。手製の造作から見て公園管理課が立てたオフィシャルなものではなく、地区町会か近所の誰かが植栽エリアへの立ち入りを見るに見かねて立てたインディーズ看板なのかもしれません。静かに一本足で佇む姿は鶴かフラミンゴのようです。

立ち姿だけでなく顔が個性的な案山子もいます【6・16】。黒の〈高札型〉無言板ですが近寄ってみるとなかなかの傑作です。貼り紙がはがれた板にぐるぐると螺旋形にチューブを回しながら一筆書きで接着剤を塗った手つきが書や絵画の筆跡のように生々しく残されています。渦巻模様に棒が付いた姿はポップキャンディーみたいで可愛らしくもあります。

せっかく足があるのに直立させてもらえない案山子もいます【6・17】。車の進入防止のユニークな形のガードに〈プラカード型〉の無言板がくくりつけられています。斜めに傾いた板を前にこちらも首を傾げて考えますが、何が書いてあったのかはわかりません。

写真【6・18】は〈プラカード型〉の短い足を継ぎ足して背を高くした改造〈高札型〉です。元は低い位置に差してあった「花壇立入禁止」的な看板を流用して、遠目に読ませる「公園内禁煙」のような看板に作り替えたのでしょう。小さな子が背伸びして実力以上に頑張っているようで微笑ましくも見えます。

案山子看板は一本足だからこそどれも頑張って立っているふうに見えてきます。【6・19】は道路に置かれた状況から察するに「駐車禁止」だったのでしょう。ここに置いておくだけでじゅうぶん機能を果たしているので文字が消えても首が傾いてもそのままなのでしょう。

整体師がやるように首をエイッと持ち上げてまっすぐに直してあげたい気持ちに駆られますが、ボキッと折れたら大変なことになるので、今度通りかかったときに治っていることを祈りつつ今日のところは黙って通り過ぎることにします。

【6-15】《沈黙の庭の歓迎ボード》
Welcome board
for a garden of silence

【6-14】《平穏無事》
Peaceful times

【6-16】《糊跡のキャンディー》 Lollypop wih spiral glue marks

【6-17】《要求は特に無し》 No demand

【6-19】《昨晩寝違えたらしい》
Slept in a funny position last night

【6-18】《ちょっと背伸び》
Standing on tiptoes

電柱無言板——地中化の波にいつか消えゆく

近年、都市部を中心に電線を地下に移設する「電線類地中化」が進められています。別名「無電柱化」とも言われるように、電線を地下に埋めるということはすなわち電柱がなくなること。そのことで災害時に電柱が倒壊し電線が切れるリスクを減らせるわけです。

宮沢賢治の短編小説『月夜のでんしんばしら』は夜中に電信柱が「ドッテテドッテテ、ドッテテド」という掛け声とともに兵隊のように行進していくというファンタジーでした。今ではノスタルジックに思われる電柱のある風景も、当初はモダンな都会から農村風景に延びてきた科学文明の糸のように思われていたはず。それがすっかり普及して日常風景となった今、かつて近代の象徴だった電柱は地中化によって姿を消し始めたというわけです。

物は失われ始めてようやくその価値が見出されるのか、美術界でも明治から現代までの都市の風景画や史料を集めた企画展「電柱絵画展——小林清親から山口晃まで」（練馬区美術館、二〇二一年）が話題を呼びました。というわけで、ここからは「電柱無言板展」の開幕です。

まずは電柱看板の観察調査から始めましょう。電柱は送電や電信以外にも住所を案内する街区表示板やスクールゾーンなどの巻き付け表示が取り付けられていますが、これに便乗してさまざまな広告や注意書きなどのポスターが勝手に貼られています。こうした電柱の無断利用は屋外広告物条例で規制されていますが、街の問題解決のために止むに止まれず近隣の住民が自主的に掲示したものを私は「インディーズ標識」とか「勝手看板」と呼んでいます。

写真【6・20】はそのインディーズのマナー・ポスターの文字が大方消えてしまい、電柱の目の高さの位置に白い紙が残された状態です。近寄ってみると「ここにごみをおかないでください」、その下に小さく「近隣の方が迷惑しています」と書かれているのが読めました。

ポスターがそのままということは、ゴミ出し問題はすでに解決したのでしょうか。そして、今度はこの放置ポスターが新たなゴミとなって景観を乱しているという矛盾が生じています。

通称ステカン（捨て看板）と呼ばれる短期間の野ざらし立て看板の存在にはお気づきでしょうか。不動産業者を中心に勝手に設置する事例が後を絶ちませんが、近年これに代わって、電柱に両面テープで貼られる簡易広告も増えました。捨て看板も電柱への無断掲示も条例違反ですが、業者は最初から回収するつもりはないので、雨で文字が流れて消えてしまうのは証拠隠滅のため最初から計算ずくなのかもしれません。

文字が消え、さらにくしゃくしゃになった広告ポスターを見つけました【6・21】。その痛々しい姿から、体を斜めにして十字架から下ろされるキリストの図を連想しました。

貼り付けられ、やがて磔《はりつけ》になってしまったということですね。

痛々しさではさらに度合いの増したビリビリの簡易広告もありました【6・22】。誰かがはがそうとしたにもかかわらず糊が全面に塗ってあったのでなかなかはがれなかったのでしょう。猫の爪研ぎの跡のようになって結局諦めてしまったようです。

のどかな畑の道で直立不動の電柱に出合いました【6・23】。全身が雨に濡れてコンクリー

【6-20】《儚い願い》A little hope

【6-21】《磔刑図》Stuck in the middle

トの色が変わったおかげで無言の掲示物がきれいに写真映えした一枚です。よく見ると電柱から生えた電気工事用のステップに傘が掛けてあります。柄が黄色い子ども用の傘です。

　落とし物だとしたら持ち主のもとには無事返ったのでしょうか。それともいたずらだったのでしょうか。雨は上がってもなんだか心が晴れません。

【6-22】《爪研ぎ》Scratch

【6-23】《雨上がりの電柱》Power pole after the rain

スリム無言板――文字が消えても黄色いだけで多くを語る

電柱や標識ポールなどに立てかけた縦長の看板を街中でよく見かけますが、これは海外にはない日本特有の看板のスタイルです。理由は単純で日本語はもともと文字を縦に書くからで、そこによく書かれている交通安全標語や地域啓発のあいさつスローガンなどをあらためて読むと決まって五七五調だったりとなかなかのストリート・ポエムぶりに感心させられます。

ちなみにこの手の細長の看板、業界では「スリム看板」といわれているのですが、それにならって文字の消えた短冊のようなものを〈スリム無言板〉と称して集めてみます。

駅周辺にあった警告看板が例によって赤い文字が紫外線に負けて、ただ黄色いだけの短冊のようになっていました【6・24】。こうしてみるとやたらと足の長いプロポーションが独特で、「スリム看板」というネーミングもうなずけます。

偶然にも、カーブミラーのオレンジ色のポールと斜めのワイヤーを覆う黄色い円筒カバーと交差していて、グレーの街並みの中でひときわ目立っています。直線が鋭角に交差した様子はロシア構成主義のデザインのようでアバンギャルドなオブジェに見えます。

住宅地と駅を結ぶ通りの電柱とブロック塀の隙間から「ちかん・ひったくり」が顔をのぞかせていました【6・25】。よく見ると片足が壊れて傾いていました。年季の入った防犯啓発看板もこうなると邪魔で怪しい感じがします。早めのお取り替えをお願いします。

小学校の近くではドライバー向けのスリム看板が劣化していました【6・26】。赤い塗料は耐光性のものを使用してくださいとあれだけ言っているのにやっぱりこの有様です。このまま放置していると完全に消えるのも時間の問題でしょう。

でも、ちょっと待ってください。今まさに消えていくこの過程で、なんとも言えない微妙な筆跡が浮かび上がってきていることに注目です。特にこの看板上部の赤い部分。これは一体何が描かれていたのだろうかとしばらく首を傾げてしまいました。

何かの絵を想像しているとなかなかわからない難問ですが、正解は赤い爆発マークの中に「危い！」という文字が斜めに（多分黄色で）書かれていたようです。

さらに下の方を見ると「飛」の字の右の点々の部分などに看板屋さんの丸筆と思しき絶妙な筆づかいまで見て取れます。なんとこの手の看板は一枚一枚手書きだったとは驚きです。

電柱看板には交通安全協会のほかに防犯協会のものをよく見かけます。「ひったくりに注意」という文字がかなり色褪せた半無言板です【6・27】。スリム看板だと足が邪魔なので電柱に直接針金でくくり付けられていますが、それでも斜めになってしまうのは一体なぜでしょう。交通看板が斜めになっているのは見ない気がするので、「ひったくり看板ナナメの法則」とでも名付けたい謎の現象です。

さて、ここまで観察をしながら明らかになってきた通りスリム看板は足が壊れやすく傾きやすいことから、最近の黄色い安全看板はビニール製の巻き付けタイプの電柱幕に替わって

【6-25】《電柱の陰に不審者》
Suspicious person behind a pole

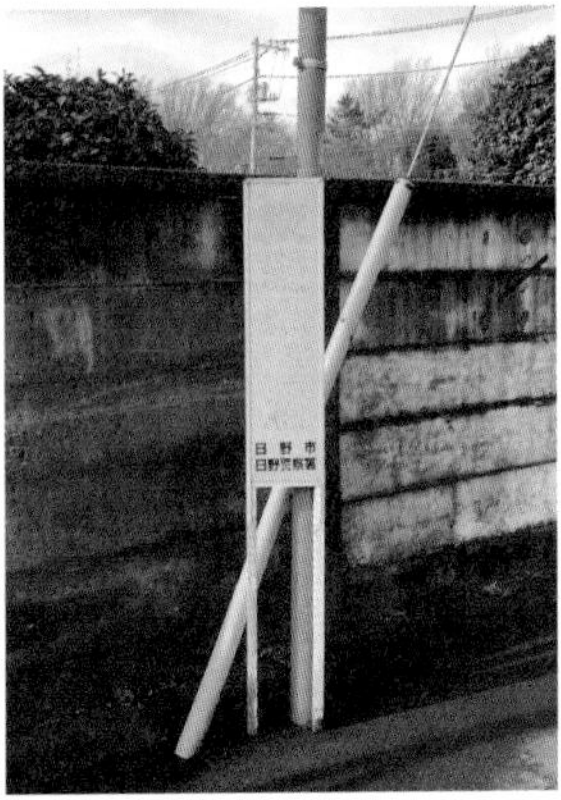

【6-24】《街角の構成主義》
Street Constructivism

【6-27】《老いぼれは生き残り》
An old man is a survivor
of the times

【6-26】《筆跡の出現》
Emerging brush strokes

【6-30】《判読のため停止せざるをえない》
Stop to decipher

【6-28】《世界一短い警察物語》
The shortest police story

【6-29】《学童ひとりぼっち》
A kid in a yellow raincoat
on a sunny day

きています。ところが、それでも無言化の波は止まらないのです。いや、ビニール上の赤文字はむしろ劣化が早そうにも見受けられます。

写真【6-28】は赤文字がすっかり消えて、黒の四文字しか残っていません。「事故多し」……隣は何をするひとぞ？　いやいやそんなわけはない。

とりあえず事故が多い場所であることはわかりましたが、元の標語はわからずじまいです。

さらに、【6-29】は「学童」の二文字だけ。ここまでくると前後の文字は完全に再生不可能です。でも、ドライバーは「学童」というたった二文字を見ただけで、ここが通学路であり子どもの急な飛び出しに気をつけて減速して走行しなければならないというさまざまな情報を一瞬で察知するはずです。だとすれば、もう最初から「学童」の二文字だけでじゅうぶんなのかも……？　そして、それを視覚言語化したのがイラスト看板の「飛び出し注意くん」だったということであるともいえそうです。

写真【6-30】は文字が全部消えてしまいそうな電柱幕ですが、それでも黄色の地色だけでドライバーに向けた注意喚起だということはわかるので、何に注意なのか消えかけた文字を読むためにこの電柱の手前ではどのクルマも必ずブレーキを踏んで一時停止していくのです。クルマを必ず一時停止させるための作戦だったとしたら成功です。

いや、しかし、目を凝らしてよく見るとうっすらと書かれているのは「一時停止」ではなく「右折禁止」じゃないですか。とりあえず一時停止したからよかった、ってそういう話じゃありません。無言幕は早めに交換をお願いします。

近代化無言遺産——歴史は語らず、ただそこにあるのみ

まちの片隅に古いものが取り残されているのをときどき見かけます。とくに記念碑や銘板などの刻字が摩耗したり塗料が剝離したりして判読できなくなってしまったものは、存在理由を失った無用の長物でしかありませんが、それでも——いや、それだからこそ——何とも言えない愛おしさや清々しさを感じてしまいます。

近代化遺産とは国家や社会の近代化に貢献した産業・交通・土木に関わる建造物などを保存するために名付けられるものですが、年代物でありながら無言ゆえに誰にも相手にされない孤高の存在を、私はここに〈近代化無言遺産〉として認定していきたいと思います。

東京は墨田区の川沿いの空き地に太いコンクリートの柱がぽつんと立っていました【6・31】。八角柱の正面側に大きく「東京オリンピッ」（クは消失）と書かれているので、もしや第二次世界大戦で中止になったという昭和十五年（一九四〇年）の幻の東京オリンピック当時の遺構か！と心がどよめきましたが、近寄ってよく見ると旧仮名旧漢字は使われていないので、昭和三十九年（一九六四年）の東京オリンピックの時のものに違いありません。右の方に残された「国旗掲」の文字から国旗掲揚台のようなものだったことが推測できます。

しかし、だとすると丹下健三設計の代々木競技場と同い年なのでしょうか。あちらが最近改修工事を経て、美しいフォルムとともに今も渋谷の丘の上に鎮座しているのに比べると、

【6-32】《張り紙禁止》
Post no bills

【6-31】《忘却のオリンピック遺産》
Forgotten Olympic legacy

【6-33】《サビててエモい》 Rusty and emotional

【6-34】《旗のあった場所》Where the flag once was

こちらはかなりやつれています。物理的な劣化以上に人々から忘れ去られてしまったことが風化を進めてしまったようです。

ＪＲ中央線の神田駅と御茶ノ水駅の間、万世橋近くの高架下で年代物の遺構を見つけました【6・32】。途切れた文字は「張り紙禁止」と書いてあったのでしょう。

鉄道の好きな方ならご存知だと思いますが、明治時代この近くに中央線の始発駅の昌平橋駅があり、明治四十五年（一九一二年）にはその東に新しいターミナルとして万世橋駅が開業。その後、山手線と総武線の延伸を経て昭和十八年（一九四三年）万世橋駅は廃止となり、駅舎は平成十八年（二〇〇六年）まで交通博物館として活用されました。

この年季の入ったレンガ壁はもしかしたら万世橋駅開業当時の明治末期のものなのかもしれませんが、「張り紙禁止」の文字はもう少し若そうです。白い塗料の文字は撥ねや止めに勢いがあってなかなか書き慣れた印象ですが、いわゆる看板屋さんの文字とは違う気がするので、もしかしたら管轄の旧国鉄職員の誰かの筆なのではないかという想像も膨らみます。

東京・豊島区にある雑司ヶ谷鬼子母神の参道、大門ケヤキ並木にある看板が見事です【6・33】。赤錆の具合が実に「寂び」の境地そのもので、今風の言い方をするなら「マジでエグい」とか、「ガチでエモい」とかいった感じでしょうか（どちらにしても褒めてるつもりです）。

「この花壇の前は駐停車禁止」と書かれていたのがかろうじて読み取れますが一体いつのものでしょう。年代特定は難しそうですが、いくつかヒントも隠されています。

まず、新仮名遣いなので戦後のものであることは確実です。

そして、フレームの四隅にさりげなくアール処理が施されている感じから見た目のわりには新しそう。この手の加工は古くても昭和三十五年（一九六〇年）以降という気がします。

注目すべきは板を柱に留めているねじの頭です。今ならこうした取り付けはプラスねじが主流ですがこれはマイナス型。日本では一九五〇年代にプラス型ドライバーが登場して六〇年代に普及するまではマイナスねじしかなかったはずなので、若くても昭和四十五年（一九七〇年）頃のものではないかと推定しますがいかがでしょう。

さて、再び東京の墨田区界隈にやって来たら、先ほどの国旗掲揚台とよく似た形状のコンクリート柱を見つけました【6-34】。でも、タイルの貼り方と書かれた文言が違います。うっすらと読める文字を辿っていくと「皇太子殿下　御成婚記念　国旗掲揚塔」と書かれています。皇太子と聞いて真っ先に思い浮かぶ顔は世代によって違うものですが、これは継宮明仁親王（現上皇）のことでしょう。結婚は昭和三十四年（一九五九年）のことですから、東京オリンピックよりさらに五年も古いことになります。

想像ですが、この近隣では町内会や商店会ごとにお金を集めてこうした国旗掲揚塔を競って作ったのではないでしょうか。

そういえば祝日やお祝いのしるしに掲げる日の丸だけでなく、運動会の万国旗も最近は見なくなりました。旗が風になびく光景はもはやノスタルジーに近いように思います。

高所無言板——上を向いてまちを歩こう

建物の屋上などに掲げられた大型広告看板のことをビルボードと言いますが、これはビルの上にあるからではないのはご存知でしたか。

Billboard の bill は公に示された正式な文書のことで、何かを公衆の面前に掲示するからビルボード。もともとは建物外壁に取り付けられたポスター掲示板だったのが、十九世紀に印刷技術の進歩とともに自立式の広告看板に進化して現在に至ったというわけです。

【6-35】《屋根の上の四角い雲》
Cubic cloud on the rooftop

ただ、そんなビルボードもここのところあまり元気がありません。それは広告不況とともに広告媒体のデジタル化の波の影響です。

スマートフォンが普及した今、街中にどんなに大きく派手な広告を掲げても人びとが手元のスマホばかり覗き込んでいては意味がありません。広告クライアントもデジタル媒体にどんどん乗り換えていきます。ビルの屋上の広告看板に空きが目立ち始めたのも当然のなりゆきなのかもしれません。昭和のアドバルーンのように

【6-36】《白い王冠》White crown

【6-37】《大きな角砂糖》Sugar cube on top

ビルボードもいずれなくなってしまうのでしょうか。

遠くからも目立つ高い場所にあった看板がどんどん白くなっていく。天空に近い場所から地上を見守るこうした「無」の看板を〈高所無言板〉と名付けて探しましょう。

そのためにまず必要なのはスマホから目を上げて、上を向いて歩くこと。

無言のビルボードはどうやらその存在に気付いた人たちをポジティブな気持ちにさせてくれる存在のようです。

さて、上を向いて歩いていたらさっそく四面とも真っ白になった無言ビルボードを発見しました【6・35】。典型的な高所無言板で、まちのどこから見ても「無ここに在り」という不条理なパワーを発しています。

高所無言板はやはり天気の良い昼間によく見つかるようです。青い空と白い雲を背景に四角四面の無言ビルボードが映えていました【6・36】。やけに横長のプロポーションですが、これはビルの屋上にある水道タンクや空調の室外機の目隠しの役割もあるのでしょう。一階のテナントが銀行の支店だったのでここには以前までその長い名前の銀行のロゴが書かれていたのですが、支店の統廃合によって閉鎖された結果がこの通り。白い王冠を頭に載せてどこか悠然としています。

ショッピングにも住むにも若い女性に人気のある吉祥寺駅前の一等地にあるビルの屋上には、十年以上前からずっと大きな看板が空いています【6・37】。昔はJR中央線上りプラットホームからこの看板がよく見えたのですが、駅ビルの改装工事とともに線路沿いに壁が立てられてしまったので広告効果が失われてしまったのです。

気付いている人はあまりいないと思いますが、朝と夕では日差しの角度で面持ちがだいぶ変わります。針のない日時計のようです。

最近、閉鎖したガソリンスタンドの手前で空を見上げると、白くなった看板が夕陽を浴びていました【6・38】。ガソリンスタンドの看板はもともと遠くから目立つような高さと大きさに設えられているので、それが無言板になるとまさに無用の長物以外の何物でもありません。でも、こうして夕陽にうっすらと染まる姿は意外にも美しくて見入ってしまいました。

マーク・コスタビの画集『ビデオ・レンタル・ストアが閉っていて、悲しい。』になぞらえて題名を付けてみました。石油価格が高騰しＥＶが普及していくなか、いつかこの世から最後のガソリンスタンドがなくなる日がやってくるであろうことにもしばし想いを馳せます。

使われなくなったビルボードは白色ばかりではありません。ピンクとライトブルーのカラフルな色面が残された個性派もあります【6・39】。ブルーが空色に溶け込んでピンクのＶ字形が浮かんでいるように見えました。

よく見るとブルーの色面の右下と左下に何かを塗り消した痕跡があるのがわかります。不要になったビルボードを真っ白に戻すのではなく最小限のペンキを加筆するだけで広告を無効化してみせたわけです。頭とペンキは使いようです。

ところは変わって下町の古いビルの屋上にも無言ビルボードを見つけました【6・40】。ついに白い板まで外されてしまったスケルトン型です。もうこの場所は価値なしと判断して広

【6-38】《ガソリンスタンドが閉まって悲しい》
Sadness, because the gas station was closed

【6-39】《空っぽなV》 V is for vacant

【6-41】《空を四角く切り取りなさい》
A square cut out of the sky

【6-40】《突端の骨格》
Skelton up above

告看板の営業そのものをやめてしまったのでしょう。

板は外しても骨組みまで解体する予算がないのか、それともここに再び広告看板が張られる日が来るのでしょうか。背景の曇り空のように心も晴れません。

のしかかるような色の雲をバックに真っ白のビルボードがそこだけ四角い穴が開けられたように輝いていました【6-41】。遠目に眺めていると前後の建物との遠近感が失われて、流れゆく曇り空の間にぽっかりと穴が空いたように見えます。切り取られた空はどこへ行ったのでしょうか？

無言のビルボードはいつも同じなのに、天気や時間によって印象が違って見えるから不思議です。

さて、今日あなたはどんな空を見上げましたか？　視線も心も上向きでいきましょう。

第三章　考察：無と消費をめぐる文化史

無のキャンペーン

文字の読めなくなった看板を、Say Nothing Board（無言板）と名付ける際のヒントになったものがあります。

無買日とは、一九九二年カナダの広告批評誌『アドバスターズ』の特集記事から生まれたインディーな（つまりは勝手な）記念日で、感謝祭（十一月の最終週の木曜日）の翌日（か翌々日、国や地域によって）に、無駄な買い物を控えて心を豊かに過ごそうというキャンペーンの日です。

ちなみに、世間一般では感謝祭の翌日はブラック・フライデーとして知られています。年末商戦が火蓋を切るこの日、さまざまなメディア広告が消費者の購買意欲をかき立てるために猛攻勢を仕掛けてきます。それに踊らされて衝動買いをしないために、日頃の消費行動や消費社会について冷静に見つめ直そうという呼びかけから生まれたのが無買日なのです。

一見何かネガティブなキャンペーンのように思われるかもしれませんが、無買日は不買運動ではありません。Don't buy（買わないで）と止めるのではなく、Buy nothing（無を買いなさい）と促します。not（否）ではなくnothing（無）を使った否定表現には禅問答や頓智に通じるおもしろさがあります。はたして無とはどんなパッケージに入って、どこで買えるのでしょう？

英語のnothingについて私がおもしろいと思うのはたとえば、ジョン・レノンがザ・ビートルズのサイケデリック時代に書いた『ストロベリー・フィールズ・フォーエヴァー』の歌詞にあるNothing is realというフレーズです。文意としては「リアルなものは何もない」という否定文ですが、あえて直訳的にnothingを主語にして訳すなら「無はリアルである」という肯定文のようにも誤読できます。

もうひとつ、ジョン・レノンが歌う『アクロス・ザ・ユニヴァーズ』の中ではNothing's gonna change my world　というフレーズが合計十二回リフレインされます（そして、インドのお経マントラみたいにリスナーの頭の中に残るのです）。ここでもnothingを同様に読み替えるなら、「何も私の世界を変えられない」という意味の裏側には「無が私の世界を変えるだろう」という別の意味が見つけられます。無のとらえかた次第で、意味がひっくり返り、世界が反転されるかのような気がしてはっとさせられます。

たしかに、無買日はひとつの禅でもあるようです。メディア社会学者のガブリエレ・ハードが自ら赤いコスチュームと白いひげをつけて繁華街で静かに座禅を組んだパフォーマンスから生まれたキャラクター「禅タクロース Zenta Claus」は、いつしか無買日のシンボル・マスコットになっています。忙しそうにそりで飛び回り大きな声で笑うサンタと違って、ゼンタは目を閉じてじっと坐しています。何もくれない代わりに、何かを信じなさいとも言わず、ただおのれを見つめて考えることを無言で説いているのです。

その意味ではこの無言板も「無のキャンペーン」のひとつなのかもしれません。私は路上観察という手法を借りて無言なものに接近し、無について考えることで、さまざまな物質や情報で満たされた有の世界とそこでの芸術について冷静に見つめ直そうと呼びかけているわけですから。

見たり触れたりすることのできない無という不可知の領域にまで、想像力でする散歩の足を延ばしたい――そのために、人の手を超えて実体化された無の模型《モデル》を探して歩いているような気がします。

無言板はその伝達内容を喪失し目的から解放されることで、意味のない（無意味で）役立たずの（無用な）オブジェクトと化し、ただ在るだけの純粋な存在となります。やがて真っ白になっていく看板は現実や実用から遠のくことで真理や純粋に近づいていく――本当にそうならいいのですが……。

ナンセンスの森

無は東洋では悟りや禅の境地として古くから語られてきましたが、西洋でも二十世紀以降、実存主義やコンセプチュアルアート、そして、ある有名な児童文学の中でも言及されています。

『くまのプーさん』の作者A・A・ミルンが続編として一九二八年に書いた『プー横丁にたった家』の最終章「クリストファー・ロビンとプーが、魔法の丘に出かけ、ふたりは、いまもそこにおります」のなかでは、nothingという言葉が意味深長に使われています。

「でもぼくがいちばん好きなのは何もしないことさ」と言うクリストファー・ロビン。首を傾げるプーに彼は、こう教えるのです。

「いいかい、何しているのと誰かに聞かれてもnothingと答えて、それをすればいいんだ」

Nothing（無）をdo（する）とはいかに――この禅問答のような会話がなければ『くまのプーさん』はただの馬鹿ばかしい言葉遊びと可愛らしい挿画による子供向けのお話で終わってしまったかもしれません（少なくとも私の中では）。

プーさんのお話を本当に大切な生き方や考え方、つまりは哲学的な問題として深読みをすることは、その後「プー学」とでも呼ぶべき学問のふりをしたゲームになりました。たとえば『タオのプーさん』は米国のベンジャミン・ホフが一九八二年に著したタオイズム（道教）の解説書で、当時流行していたニューエイジの波に乗ってヒットしました（現在日本語版は『クマのプーさんの「のんびり」タオ』に改題）。あるいは、英国のジョン・T・ウィリアムズは一九九五年に刊行した『クマのプーさんの哲学』でミルンを引用しながら古代ギリシャから実存主義までの西洋哲学を解説してみせたかと思えば、その続編の『クマのプーさんの魔法の知恵』では錬金術や英雄伝説の予言書として大胆な接続をしてみせました。

風船にぶら下がって空を舞うようにさまざまな領域をつぎつぎと越境していくプーさんは、思想の曲芸もお手のものです。

プーは「ぼくは脳みそが小さくて頭が悪いから」が口癖で、クリストファー・ロビンもことあるごとに「プーはほんとうにお馬鹿さんだなぁ」と言います。プーは頭が悪いという共通認識はこのお話にのどかさや愛らしさを与えてくれますが、私にはそれがソクラテスの「無知の知」のようにも感じられます。つまり己の愚かさを自覚しているプーはそのことを知らない者よりも賢者に見えるのです。

物語の中のプーはとことん馬鹿げた言動で読者を笑わせてくれます。言葉や綴りの間違いのおかしさはもちろん、ドアをノックしながらこの家の人はどうして出てこないんだろうと苛立つプーに、ピグレットが「これ、きみの家だよ」と言い、プーが「そうだった、ま、はいろう」と答えるシーンなどは、日本のマンガ『天才バカボン』の親子の掛け合いにそっくりでひじょうに驚かされます。作者の赤塚不二夫は『くまのプーさん』を読んでいたのではないかとすら思ってしまうくらいです（そういう話は聞いたことがありませんが）。

A・A・ミルンと赤塚不二夫の共通点は愛らしいキャラクターと徹底したナンセンス（無意味）によるものでしょう。赤塚の『もーれつア太郎』に登場するニャロメやケムンパスやべしなど不思議な生き物のキャラクターはじつに人の言葉で話しドタバタを繰り広げる百エーカーの森の動物たちの姿に重なります。

A・A・ミルンは若い頃パロディー雑誌『パンチ』の編集助手を務め、そこで挿絵画家のE・H・シェパードと出会ったといいますから、『くまのプーさん』がギャグマンガの源流にあるという見立てはあながち外れていない気もします。ルイス・キャロルの『不思議の国のアリス』が不条理なおもしろさの世界だとすれば、『くまのプーさん』はナンセンスなおもしろさの原風景として、越境的に巡り巡って意外な創作物にも影を落としていると言ってもいいでしょう。

無為に多忙

マーク・フォースター監督の映画『プーと大人になった僕』は大人になったクリストファー・ロビンがプーと再会するという後日譚です。通常こうした続編に対して私はあまり期待しないことにしています。なぜなら、大抵そういったものは新しい企画が出てこないときに金儲けのために仕方なく作られる二番煎じで、とくに原作者の死後作られるものは蛇足もいいところだからです。

世の常として、パーフェクトな蛇に足を描き足してもトカゲになってしまうのが関の山ですが、まれに足を描いた蛇がさらに羽を生やして竜となり天高く昇っていくことがあります。そして、『プーと大人になった僕』はその竜に化けた快作でした。

ちなみに私がこの映画を観たのは実は『くまのプーさん』への関心からよりも、大人になったクリストファー・ロビンをユアン・マクレガーが演じていたからでした。もっと細かく言うと、ユアン・マクレガー主演の『T2　トレインスポッティング』がたいそうおもしろかったからで――後日譚にろくなものがない法則はこの時点ですでに打ち破られているのですが――私は二十年ぶりにトレスポのレントンを演じたユアン・マクレガーを観て、彼がジェネレーション（世代）を運命として背負う俳優になったということにいたく感心させられたのです。

そう。私の勝手な見立てでは、大人になったクリストファー・ロビンはこの後なんと『スター・ウォーズ』のオビ＝ワン・ケノービになるのです（マクレガーが演じるオビ＝ワンは東洋思想を思わせる理力《フォース》の達人です）。と、もしそういうことにすると、A・A・ミルンのプーさんが例のタオイズムの解説書『タオのプーさん』まで自然につながるような気がしてなんだかいろいろなことが妙に納得できるように思えたのです。これは、大人になったクリストファー・ロビン役にユアン・マクレガーを起用したことが功を奏したからにほかなりません。プーをめぐる理力の回路は、ミルン家の男の子の一歳の誕生日にぬいぐるみが贈られた一九二一年から今日までちょうど百年分の精神遍歴としてきれいな形の禅に結ばれます。

さて、プーをめぐる文化的接続の話が長くなりましたが、話はここから再び無言板につながります。

つなげてくれたのは、この映画のエンディングロールで流れる歌——すでに九十歳を超えたリチャード・M・シャーマン（『メリー・ポピンズ』の作詞・作曲家として有名なシャーマン兄弟の弟の方）のオリジナル曲〈Busy doing nothing（何もしないは忙しい）〉という歌です。

何もしないことに忙しい——こういう矛盾した表現はオクシモロン（撞着語法）と呼ばれる修辞法で、ソクラテスの「無知の知」も、バカボンのパパがよく言う「賛成の反対なのだ」もまさにそれに当たります。

〈Busy doing nothing〉という言い回しそのものはよくある慣用句らしく、過去にもビング・クロスビーやザ・ビーチ・ボーイズも曲名にしています。いずれも歌詞やメロディーは別物ですがナンセンスな笑いを含むところは共通している気がします。

ちなみに英語で do-nothing といえば役に立たない怠け者や成果の出ない無駄な行い、つまりは無意味なことを指し、doing nothing と言えば「何もしないこと」なのですが、その言い回しを字義通りに捉えれば「無を行う」という矛盾が浮上してきます。これは say nothing と同様で、「何も言わないこと」を「無を言う」という言い回しで表現するのによく似ています。do nothing と say nothing は漢語にするならそれぞれ「無為」と「無言」に当たるので、この場合言葉の構造が洋の東西を問わず同じであることは実に見事としか言いようがありません。

何もしないという戦術

「何もしないでいることほど難しいことはない」

これはアメリカのメディア・アーティスト、ジェニー・オデルが書いた『何もしない』（早川書房、竹内要江訳）という本の冒頭の一文です。この本（原題は〈How to Do Nothing：Resisting the Attention Economy〉何もしない方法：アテンション・エコノミーへの抵抗）は、よくある自己啓発本のふりをしたレジスタンスの書で、ネット社会や新自由主義、生産性を正義とする世の中の風潮に対する痛快な批評的作品になっています。

現在インターネットではユーザーが何を検索したか、ＳＮＳで何に対していいねボタンを押したかなどがビッグデータとなって巨大情報産業に独占的に蓄積され、注意経済《アテンションエコノミー》と呼ばれる莫大な金儲けの手段となっています。さらにキャッシュレス決済やスマートフォンの移動データなどが紐付けられた今、私たちの行動は知らず知らずのうちにＩＴ長者たちの富になっているのです。そして、こうした状況に対してオデルは「何もしない《ドゥナッシング》」ことで思考し抵抗せよと呼びかけているというわけなのです。おもしろいでしょう？

無買日が何も買わないことで商品の洪水のような消費社会に対する抵抗を試みていたことが、ここではインターネット社会に合わせて見事にアップデートされています。それにしても何もしない＝無をすることが最もラディカルなレジスタンスの方法だなんて、私たちの社会は本当に生きづらい世の中になったものだと嘆きたくなります。いや、そんなことをSNSでつぶやこうものなら——そして、検索エンジンでnothingと検索する同志の数が増えようものなら——彼らは平然とnothing（無）を商材として開発しパッケージ化して、ネットショッピングサイトでおすすめしてくるつもりでしょう。これには屈してはなりません。でも一体どうやって？

それについて私たちはこれからも考え続けていかなければなりません。そして、白い看板《サインボード》や白い標識《サイン》や白い道標《サインポスト》は、そのために私たちがこれから歩いていくべき道を無言で指し示しているに違いないのです。

英語タイトルの作成に当たってはヴァール・アダムスさんから
校正の協力と助言をいただきました。記して感謝します。
収録した連載記事の執筆に当たっては、
『散歩の達人』編集部の中村こよりさん、星野洋一郎編集長、
武田憲人統括編集長にお世話になりました。
また文庫版の刊行にあたっては、
当初からこの企画に関心を寄せて執筆の支えとなり
最終的に編集を担当してくれた新保信長さん、
筑摩書房編集局の藤岡美玲さんに心より感謝します。

著者

ちくま文庫

無《む》言板《ごんばん》アート入門《にゅうもん》

二〇二三年六月十日　第一刷発行

著者　楠見　清（くすみ・きよし）
発行者　喜入冬子
発行所　株式会社　筑摩書房
東京都台東区蔵前二―五―三　〒一一一―八七五五
電話番号　〇三―五六八七―二六〇一（代表）
装幀者　安野光雅
印刷所　凸版印刷株式会社
製本所　加藤製本株式会社

ISBN978-4-480-43898-0　C0170